DAS NEUE BUCH VOM KOCHEN

Sonderausgabe der Naumann & Göbel Verlagsgesellschaft mbH
in der VEMAG Verlags- und Medien Aktiengesellschaft, Köln

Redaktion: Sabine Zarling
Layout: Jürgen Pengel
Grafik: Heike Diem
Rezepte: Versuchsküche essen & trinken/schöner essen
Styling: Renate Gerber, Gisela Koch, Günther Meierdierks, Anke Rabeler, Michaela Suchy
Schlußredaktion: Karin Schanzenbach
Bildbearbeitung: Jutta Wolf
Fotos: Heino Banderob, Thomas Diercks, Wolfgang Krüger, Dietrich Ruhde,
Hans-Joachim Schmidt, Richard Stradtmann
Gesamtherstellung: Naumann & Göbel Verlagsgesellschaft mbH, Köln

ISBN 3-625-10958-1

essen & trinken

DAS NEUE BUCH VOM KOCHEN

NAUMANN & GÖBEL

INHALT

Die 20 wichtigsten Kochte

1. BACKEN

Beim Backen werden Aufläufe, Soufflés, Fisch, Kuchen, Brot und Gebäck **im Backofen bei trockener Hitze gegart**. Die Gerichte werden dabei mehr oder weniger stark gebräunt und erhalten eventuell eine schöne Kruste wie Aufläufe oder Brote. Je nach Beschaffenheit der Teige oder der Lebensmittel schwankt die Backtemperatur zwischen 150 und 250 Grad. Bei vielen Backöfen kann man wählen zwischen dem Garen mit Umluft oder dem Backen mit Unter- und Oberhitze. Bei Umluft wird die erhitzte Luft durch den Backofen gewirbelt. Das Gericht gart gleichmäßig, trocknet aber schneller aus.

● ***Fisch S. 66*** ● ***Kartoffeln S. 89*** ● ***Focaccia S. 108*** ● ***Gemüseauflauf S. 105*** ● ***Soufflé S. 138***

2. BLANCHIEREN

Es gibt mehrere Gründe, Spinat, Pfirsiche oder Kohl zu blanchieren – mit kochendem Wasser zu **überbrühen** oder **vorzugaren**: Spinat, Rosenkohl und Wirsing verlieren ihr strenges Aroma; Aprikosen, Pfirsiche und Mandeln lassen sich leichter häuten; Erbsen, grüne Bohnen und Spinat behalten ihre kräftige Farbe; und Gemüse, zum Einfrieren vorbereitet, bleibt länger haltbar, weil Enzyme zerstört werden. Nach dem Blanchieren Gemüse oder Obst kurz in Eiswasser **abschrecken**, um das Nachgaren zu stoppen.

● ***Gemüse S. 104*** ● ***Aprikosen und Pfirsiche S. 148***

3. BRATEN IM BACKOFEN

Größere Fleisch- oder Geflügelstücke werden im Backofen **in trockener Hitze** im Bräter oder auf dem Rost gegart. Damit das Fleisch nicht austrocknet, brät man es vorher in Fett rundherum an oder begießt den Braten mit sehr heißem Fett. Die Poren schließen sich schnell und der Fleischsaft tritt nicht aus. Das **Anbraten** entfällt bei fettreichem Geflügel wie Gans oder Ente. Um eine Sauce zu erhalten, wird der Braten mit etwas Wasser oder Brühe angegossen.

● ***Filetbraten S. 12*** ● ***Roastbeef S. 13*** ● ***Schweinenackenbraten S. 26*** ● ***Krustenbraten S. 27*** ● ***Lammrückenfilet S. 36*** ● ***Stubenküken S. 50*** ● ***Gans S. 53***

4. BRATEN IN DER PFANNE

Die schnellste Methode, kleine Fleisch-, Fisch- oder Geflügelteile, Kartoffeln oder Pfannkuchen **in etwas Fett zu garen und zu bräunen**. Das Bratfett muß heiß sein und zischen, wenn Steaks, Fischfilets oder Hähnchenkeulen in der Pfanne gebraten werden, damit das Fleisch saftig bleibt und goldbraun wird. Nach dem scharfen Anbraten wird die Hitze zum Weiterbraten reduziert. Häufig werden Fisch und Fleisch paniert zubereitet. Ideal sind hocherhitzbare Fette wie Butterschmalz oder Öl: Sie verbrennen nicht wie Butter oder Margarine. Steaks, Würste oder Pfannkuchen nur einmal wenden.

● ***Steak S. 13*** ● ***Schnitzel S. 15*** ● ***Lammkoteletts S. 37*** ● ***Fisch S. 66*** ● ***Kartoffeln S. 89*** ● ***Gemüse S. 105*** ● ***Hefepfannkuchen S. 136***

5. DÄMPFEN

Farbe, Biß, Vitamine und Mineralstoffe bleiben durch Dämpfen von zartfleischigem Fisch und feinen Gemüsen am besten erhalten. Bei der schonendsten aller Garmethoden werden Forelle, Kabeljau, Möhren oder Broccoli nicht in, sondern **über kochendem Wasser in Dampf gegart**. Dazu einen Dämpf-, Fisch- oder Kochtopf mit Siebeinsatz etwa drei Zentimeter hoch mit Wasser füllen. Das Wasser zum Kochen bringen und den vorbereiteten Fisch oder das geputzte, zerkleinerte Gemüse im Sieb über das Wasser hängen. Den Topf während des Garens schließen, damit kein Dampf entweichen kann. Gedämpftes läßt sich dezent aromatisieren, wenn man Kräuter und Gewürze an das Kochwasser gibt.

● ***Fisch S. 65*** ● ***Gemüse S. 104***

chniken

Fleisch, Fisch oder Gemüse lassen sich auf unterschiedliche Arten garen. Eine Auswahl häufig angewandter Methoden finden Sie hier. Wie Sie im speziellen Steaks braten, Erbsen blanchieren oder Fisch pochieren, steht auf den Info-Seiten.

6. DÜNSTEN

Wasserreiche Gemüse, zum Beispiel Möhren und Spinat, zartes Fleisch, Fisch und Geflügel **werden beim Dünsten in wenig Fett bei schwacher Hitze im geschlossenen Topf gegart:**

Sie dünsten im eigenen Saft. Wenn nötig, gibt man an wasserarme Gemüse wie Erbsen, Zuckerschoten oder Rosenkohl etwas Brühe, Fond oder Wasser. Das Dünsten ist neben dem Dämpfen die vitaminschonendste Garmethode, durch die der Eigengeschmack der Zutaten verstärkt wird. Gedünstet werden kann nicht nur im Topf auf dem Herd, sondern auch im Backofen: Besonders zart wird Fisch im Ofen auf einem Gemüsebett gegart.

● ***Kabeljaufilet im Ofen S. 72*** ● ***Gemüse S. 105***
● ***Reis S. 122***

7. FRITIEREN

Pommes frites und Krapfen sind die klassischen Vertreter des Fritierten. Kartoffeln, Hefeteig, Fisch-, Geflügel- oder Fleischwürfel werden **im 175-180 Grad heißen Fett schwimmend ausgebacken**, entweder in einem Fritiertopf oder in einer Friteuse. Wer kein Thermometer hat, prüft die Temperatur mit einem Holzlöffel: Einfach den Stiel in das Öl halten – bilden sich kleine Blasen um das Holz, können Kroketten oder Berliner fritiert werden. Denn nur in richtig temperiertem Fett bildet sich schnell eine Kruste, die verhindert, daß Kartoffeln oder Fleisch zu viel Fett aufsaugen. Und das Fritierte wird so, wie es sein soll: außen knusprig und innen zart. Fritierte Gemüse werden meistens mit Teighülle ausgebacken.

● ***Fisch S. 66*** ● ***Kartoffeln S. 91***
● ***Gemüse in Bierteig S. 104***

8. GAREN IM WASSERBAD AUF DEM HERD

Puddinge, Flans und Eierstich werden im Wasserbad gegart. Dazu Wasser in einem größeren Topf zum Kochen bringen. Die Pudding- oder Flanform füllen, verschließen und ins Wasserbad setzen. Kochtopf verschließen. Im Wasserbad werden auch Eiersaucen aufgeschlagen.

● ***Eierstich S. 137***
● ***Eiersaucen S. 139***

9. GAREN IM WASSERBAD IM BACKOFEN

Damit Eierstich, Flan oder eine Terrine feinporig werden, müssen sie **im Wasserbad bei milder Hitze garen**, egal, ob auf dem Herd oder im Backofen. Das Garen im Backofen wird bevorzugt bei größeren Portionen wie Terrinen, Pasteten oder mehreren Portionen Eierstich. Zum Garen Wasser in der Saftpfanne zum Kochen bringen. Die Formen gut ausfetten, nur zu 2/3 füllen, verschließen und bei niedriger Temperatur 1 1/2–1 3/4 Stunden garen (Flans 150 Grad, Terrinen 175–200 Grad).

● ***Eierstich S. 137***

10. GAR ZIEHEN

Klöße aus einer Farce, Hackfleisch, Kartoffel- oder Brandteigen würden durch Kochen zerfallen. Deshalb portionsweise **in kochendes Wasser** geben, Temperatur herunterschalten und Klöße bei etwa 80 Grad ziehen lassen. Sind sie gar, schwimmen sie an der Wasseroberfläche.

● ***Fischklößchen S. 67***
● ***Kartoffelklöße S. 90***
● ***Gnocchi S. 123***
● ***Semmel-, Schwemm- und Grießklöße S. 123***

Die 20 wichtigsten

11. GELIEREN

Brühe, Fond, Fruchtsaft oder Wein werden durch Gelieren fest. Verwendet man zum Fondkochen für herzhafte Sülzen Knorpel und Knochen, geliert der Fond ohne Zugabe von Fertig-Gelatine. Meistens nimmt man jedoch Gelatine in Blatt- oder Pulverform. Sie läßt sich nur flüssig verarbeiten und muß deshalb eingeweicht und bei milder Hitze aufgelöst werden. Durch Kochen verliert Gelatine ihre Bindungskraft. Ob die erstarrte Flüssigkeit Aspik, Sülze oder Gelee heißt, als pikante Vor- oder süße Nachspeise sieht sie immer dekorativ aus. Ihre Zubereitung ist einfach, braucht aber etwas Zeit.

● ***Fischsülze S. 67***
● ***Gemüsesülze S. 104***
● ***Fruchtgelee S. 150***
● ***Sahnespeisen S. 151***
● ***Marmelade S. 151***

12. GRILLEN

Am beliebtesten ist das Grillen im Freien auf dem Holzkohlegrill. Aber auch unter dem Elektrogrill, der oft in den Backofen integriert ist, werden Fleisch, Fisch oder Gemüse kroß und saftig. Das Häuten von Paprikaschoten wird durch das Rösten unter dem Grill erleichtert.

● ***Steaks grillen S. 12***
● ***Paprikaschoten häuten S. 104***

13. KOCHEN

Kochen ist das Garen von Reis, Nudeln, Gemüse, Fleisch oder Früchten **in reichlich Flüssigkeit** – Wasser, Brühe, Milch, Saft – bei einer Temperatur von 100 Grad. Beim Kochen gerinnt in den Lebensmitteln das Eiweiß und Stärke wird aufgeschlossen. Das bedeutet: Fleisch wird gar, Nudeln und Reis quellen auf und werden genießbar. Das Kochen ist keine schonende Garmethode, weil Vitamine zerstört werden und Mineralstoffe ins Kochwasser übergehen. Deshalb das Gemüse für Suppen oder Eintöpfe nur so kurz wie möglich kochen, damit es Biß, Farbe, Geschmack, Vitamine und Mineralstoffe behält. Wird Gemüse solo oder als Beilage zu Fisch oder Fleisch gereicht, sollte es schonend gedünstet oder gedämpft werden.

Die Ausnahme: Für Brühen oder Fonds Suppengrün, Knochen und Gewürze lange kochen lassen, damit alle Aromastoffe in die Flüssigkeit wandern und eine kräftige Brühe entsteht.

● ***Rindfleischbrühe S. 15***
● ***Wildfond S. 39***
● ***Fischfond S. 67***
● ***Kartoffelsuppe S. 98***
● ***Gemüse S. 105*** ● ***Nudeln S. 120*** ● ***Milchreis S. 122*** ● ***Kompott S. 148***
● ***Grütze S. 150***

14. KOCHEN IM DAMPFDRUCKTOPF

Der Dampfdruck- oder Schnellkochtopf läßt sich zum Kochen sehr vielseitig verwenden: Er bietet sich an zum Schmoren, Kochen oder Pochieren. Außerdem spart das Garen mit dem Schnellkochtopf Zeit und Energie: Denn fast alle Gerichte sind in einem Drittel der sonst üblichen Garzeit fertig. Das liegt an dem höheren Druck, der in dem luftdicht verschlossenen Topf herrscht und die Lebensmittel bei etwa 120 Grad aroma- und vitaminschonend gart. Die Handhabung des Dampfdrucktopfes ist schnell gelernt.

● ***Rote Bete S. 102***
● ***Artischocken S. 105***

15. POCHIEREN

Das Pochieren oder Garziehen ist eine schonende Garmethode für feine Fleischgerichte wie Rinder- oder Schweinefilet, zarte Fisch- und Geflügelfilets, Eier oder Klöße. Zum Pochieren Wasser in einem Topf aufkochen, Fisch oder Fleisch dazugeben, die Hitze reduzieren und Fisch oder Fleisch etwas **unterhalb des Siedepunktes** bei etwa 80 Grad garen. Die Flüssigkeit darf nicht kochen, da Fisch hart würde und Klöße zerfielen. Das Kochwasser läßt sich mit Wein, Essig, Suppengrün und Gewürzen beliebig aromatisieren.

● ***Rinderfilet S. 13*** ● ***Schollen im Gewürzsud S. 64*** ● ***Fisch S. 65*** ● ***Eier S. 138***

Kochtechniken

16. SCHMOREN IM BACKOFEN

Zum Schmoren werden meistens robuste Zutaten wie Muskelfleisch oder Kohl verwendet. Sie werden durch langes Garen butterzart. Das Schmoren, egal, ob im Backofen oder auf dem Herd, ist **eine Mischung aus Braten und Dünsten/Kochen**. Zuerst wird der Braten, die Fleisch- oder Kohlwürfel portionsweise in heißem Fett von allen Seiten rundherum braun gebraten, das Fleisch mit wenig Flüssigkeit (Wasser, Rotwein, Fond) abgelöscht und bei etwa 180 bis 200 Grad 2–2 1/2 Stunden im Ofen weitergegart (eventuell etwas Flüssigkeit nachgießen). Sauerbraten wird vor dem Schmoren 1–2 Tage in einer Rotwein-Essig-Marinade eingelegt. Nach dem Anbraten wird das Fleisch mit Marinade abgelöscht. Der Braten soll nicht in Flüssigkeit schwimmen, sondern maximal zur Hälfte mit Sud bedeckt sein. Zum Schmoren eignen sich Keule, Schulter oder Nacken.

● ***Rinderschmorbraten S. 14*** ● ***Schweineschmorbraten S. 27*** ● ***Ungarisches Gulasch S. 20*** ● ***Ochsenschwanz S. 22***

17. SCHMOREN AUF DEM HERD

Im Topf werden Gulasch und Ragouts geschmort, obwohl sie auch im Ofen sehr gut gelingen. Geschmort wird in einem schweren Topf, in dem sich die Fleischwürfel kroß anbraten lassen. Die zugegebene Flüssigkeit darf nicht sprudelnd kochen; das Fleisch soll bei milder Hitze leise etwa 2 Stunden zugedeckt kochen. Die Garzeit läßt sich im Schnellkochtopf um zwei Drittel verkürzen.

● ***Rinderrouladen S. 12*** ● ***Asiatischer Sauerbraten S. 21*** ● ***Lammragout S. 42*** ● ***Reis S. 122***

19. ÜBERBACKEN

Damit Gratins eine schöne Kruste erhalten, werden sie überbacken – entweder nur mit geraspeltem Käse, mit einer Mischung aus geraspeltem Käse und Butterflöckchen oder mit Käse, Semmelbröseln und Butter. Ältere Käsesorten (Fontina, Raclette, Emmentaler, mittelalter Gouda) sind ideal dazu, weil sie aromatisch sind und keine Fäden ziehen. Gratins werden bei etwa 220 Grad oder unter dem Grill gratiniert.

● ***Spätzle S. 121*** ● ***Nudeln S. 121***

18. STOCKEN

Diese Garmethode gibt es nur für Gerichte, in denen Eier enthalten sind. Als Stocken bezeichnet man den Vorgang, wenn das im Ei enthaltene **Eiweiß gerinnt und beginnt, fest zu werden**. Typische Gerichte sind Rührei, Soufflé, Schaumomelett, pochierte Eier oder Eierstich. In Aufläufen verbindet ein Gemisch aus Eiern und Milch alle Zutaten während des Backens zu einer homogenen Masse. Da Eiweiß bereits zwischen 70 und 80 Grad zu stokken beginnt, werden Eiergerichte bei milden Temperaturen gegart. Damit Rührei oder Omelett nicht ansetzen, bereitet man sie häufig in einer beschichteten Pfanne zu. Eierstich muß im Wasserbad stocken, weil er durch Kochen löchrig wird.

● ***Gemüse S. 105*** ● ***Gemüseauflauf S. 112*** ● ***Rührei S. 137*** ● ***Schaumomelett S. 138*** ● ***Soufflé S. 138***

20. SAUCEN ZUBEREITEN

Saucen sind die Krönung jedes Gerichtes: Was wäre frischer Spargel ohne Hollandaise? Rehrücken ohne kräftige Bratensauce oder Früchte ohne Weinschaum? Saucen lassen sich in zwei große Gruppen unterteilen: in Saucen, die **mit Mehl oder Stärke gebunden** werden, und in Saucen, die ihre **cremige Konsistenz durch Eigelb, Sahne oder Butter** erhalten. Eine perfekte Sauce zu zaubern, ist nicht ganz einfach. Denn ein Zuviel an Mehl kann den Bratenfond zu Brei werden lassen. Oder eine zarte Eiersauce gerinnt durch zu starkes Erhitzen. Voraussetzung zum Gelingen einer Eiersauce oder Mayonnaise ist das genaue Abwiegen aller Zutaten. Wie eine Mehlschwitze zubereitet, ein Bratenfond mit Mehlbutter angedickt, eine feine Eiersauce aufgeschlagen oder Mayonnaise gerührt wird, finden Sie in den einzelnen Info-Kapiteln.

● ***Sauce für Wildgerichte S. 38*** ● ***Béchamelsauce S. 90*** ● ***Weinschaumsauce S. 138*** ● ***Mayonnaise S. 139*** ● ***Eiersaucen S. 139***

RIND UND KALB

Von Filetsteak bis zum großen Braten – das zarte, saftige und magere Fleisch von Rind und Kalb läßt sich auf viele Arten zubereiten: als Rouladen geschmort, als Schnitzel gebraten, als Filet pochiert oder in Brühe gekocht. Wie auch immer die beiden Fleischsorten verarbeitet werden, sie sind jedesmal ein Genuß!

__1.__ Die Rouladen salzen und pfeffern, mit Senf bestreichen, mit Porree- und Möhrenscheiben dünn belegen.
__2.__ Die Längsseiten der Rouladen etwas einschlagen, das Fleisch aufrollen, mit Holzstäbchen feststecken.
__3.__ Die Rouladen kräftig anbraten und mit Gemüse und Gewürzen schmoren.

Moderner Klassiker: geschmorte Rinderrouladen mit Porree-Möhren-Füllung. Dazu paßt Butterwirsing. Rezept Seite 12

ALLES ÜBER RIND- UND KALBFLEISCH

Rinderrouladen

Zum Foto auf Seite 10

Für 4 Portionen:
150 g Porree
450 g Möhren
10 g getrocknete Steinpilze
6 El Öl
4 Rinderrouladen (à 175 g)
Salz, Pfeffer (a. d. Mühle)
4 Tl Senf
3 Zwiebeln
2 Lorbeerblätter
1/8 l Schlagsahne
1–2 El Speisestärke
Außerdem:
Holzstäbchen

1. Den Porree putzen, waschen und in schräge Ringe schneiden. 150 g Möhren schälen und in schräge Scheiben schneiden. Die Steinpilze 20 Minuten in 700 ml warmem Wasser einweichen.

2. Porree- und Möhrenscheiben in 2 El heißem Öl 2 Minuten andünsten.

3. Die Rouladen ausbreiten, salzen, peffern und mit Senf bestreichen. Mit Porree und Möhren belegen.

4. Die Fleischscheiben an den Längsseiten leicht einschlagen und zu Rouladen aufrollen. Mit Holzstäbchen feststecken.

5. Die Rouladen im restlichen Öl rundherum anbraten. Die restlichen Möhren schälen und in Scheiben schneiden. Die Zwiebeln pellen und in Spalten schneiden.

6. Möhren und Zwiebeln mit Lorbeer zu den Rouladen geben und kurz andünsten. Steinpilze und die Einweichflüssigkeit dazugeben. Die Rouladen zugedeckt 1–1 1/4 Stunden schmoren lassen.

7. Die Rouladen herausnehmen und warmhalten. Gemüse und Flüssigkeit in einem Sieb abtropfen lassen. Die Sahne in die Flüssigkeit geben und aufkochen lassen.

8. Die Stärke mit etwas Wasser verrühren, in die Sauce geben und aufkochen lassen. Die Sauce mit Salz und Pfeffer würzen und zu den Rouladen servieren.

Dazu passen Butterwirsing und Salzkartoffeln.

Zubereitungszeit: 1 1/2 Stunden
Pro Portion 40 g E, 32 g F, 10 g KH = 492 kcal (2060 kJ)

Steaks: edles Fleisch für Grill und Pfanne

Die kleinen bis tellergroßen Fleischscheiben zählen zu den beliebtesten Fleischgerichten: Steaks sind saftig, mager und im Nu zubereitet. Damit Rumpsteaks oder Tournedos außen braun und innen zart sind, werden sie schnell bei großer Hitze in Öl oder Butterschmalz gebraten.

***Rumpsteak** wird aus dem Roastbeef geschnitten. Das 2–3 cm dicke Fleisch wiegt gut 200 g und wird immer mit Fettrand, der dazu eingeschnitten wird, gebraten.*

***Tournedos** stammen aus der Spitze des feinsten Fleischstückes, dem Filet. Die kleinen Filetscheiben wiegen im Schnitt 100 g und sind etwa 4 cm dick.*

***Ochsenkotelett** muß zum Braten oder Grillen von einem jungen Tier stammen. Älteres Fleisch aus der Hochrippe bietet sich eher zum Schmoren an.*

***Filetsteak** wiegt 150–200 g und wird wie Tournedos aus dem edelsten und zartesten Fleischteil, dem Filet, geschnitten, allerdings aus dem dicken Filetende.*

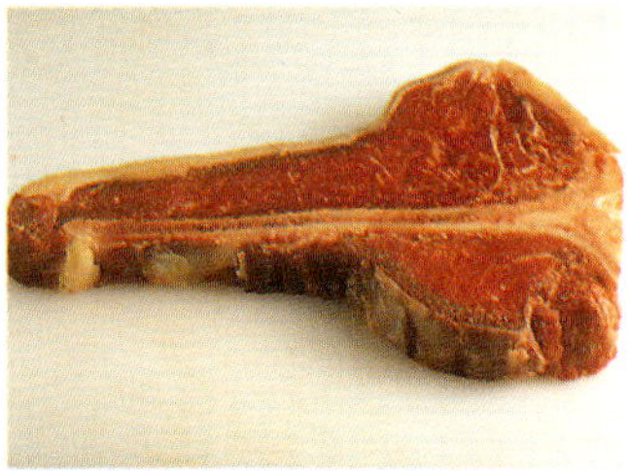

***T-bone-Steak** ist eine nach amerikanischer Sitte geschnittene 400–600 g schwere und 2–3 cm dicke würzige Fleischscheibe quer durch Roastbeef und Filet.*

Filetspitzen** eignen sich am besten für ein schnelles Filetgulasch. Aus der Spitze des Filets schneidet man auch die kleinsten Steaks, die **Filets mignons.

Fein und schnell: Filetbraten

Das edelste Teil des Rindes, das Filet, schmeckt nicht nur als Steak zubereitet, sondern auch im ganzen im Ofen gebraten. Damit das magere Fleisch (1,5 kg) saftig bleibt, muß es schnell (25–35 Minuten) bei großer Hitze (250 Grad, Gas 5) gegart werden.

Auf die Minute kommt es an: Steakbraten

Wer sein Steak ziemlich roh bevorzugt, brät ein 200 g schweres Rumpsteak von jeder Seite nur 2–3 Minuten. Man nennt es dann **blutig, rare oder saignant.**
Tip: Das Fett muß zischen, wenn das Steak in die Pfanne kommt.

Rosa, medium oder à point gebraten: So ist Steak am zartesten. Dazu wird das Rumpsteak von jeder Seite etwa 4 Minuten gebraten.
Garprobe: Das Fleisch ist medium, wenn man eine Delle in das Fleisch drückt und es elastisch reagiert.

Durchgebraten, well done oder bien cuit haben Steaks eine durchgängig graue Farbe. Werden sie zu lange gebraten, wird das magere Fleisch zäh. Deshalb sollten Steaks von 200 g nie länger als 5–6 Minuten pro Seite gegart werden.

Rinderfilet pochieren

Sanfter als in leicht kochender Brühe kann Rinderfilet nicht gegart werden. ***Zum Pochieren wird das Fleisch mit Küchengarn an einem Kochlöffel befestigt****: So hängt das Filet mitten in der Brühe – ohne den Topfboden zu berühren – und gart gleichmäßig. Besonders zart ist das Fleisch, wenn es noch einen rosa Kern hat. Ein 500-g-Filet braucht etwa 25 Minuten. Die Brühe sollte kräftig gewürzt sein und zusätzlich etwas Suppengrün enthalten. In Frankreich nennt man das Gericht* ***bœuf à la ficelle****, Rindfleisch am Faden.*

RINDFLEISCH

Kaufen Sie Steaks, Roastbeef oder Schmorbraten nur bei einem Fleischer ihres Vertrauens. Er kann Angaben zur Herkunft des Tieres, dessen Alter und Geschlecht, zur Rasse und zur Mast geben. Hochwertiges Rindfleisch ist dunkelrot, relativ trocken und leicht marmoriert, es hat glänzende Schnittflächen und eine hellgelbe Fettschicht. Rindfleisch enthält viel leichtverdauliches Eiweiß, die Vitamine B_1, B_2, B_{12} und Eisen.

Das Fleisch bleibt zart, wenn es vor dem Braten mit 40 g heißem Butterschmalz oder Öl übergossen wird. Damit die Sauce kräftig schmeckt, brät man geviertelte Tomaten und Zwiebeln mit ***(Foto 1)****. Den Bratenfond mit etwas Rotwein ablöschen und die Röststoffe mit einem Backpinsel lösen* ***(Foto 2)****. Den Sud durch ein Sieb gießen und den Fond einkochen lassen* ***(Foto 3)****.*

Klassisch: Roastbeef

Roastbeef zählt wie Filetbraten zu den schnellen, klassischen Braten: Das zarte Rindfleisch ist je nach Geschmack blutig, rosa oder durchgebraten ein Genuß. Das Roastbeef (1,5 bis 2 kg) wird bei großer Hitze (250 Grad, Gas 5) zwischen 30 und 45 Minuten mit oder ohne Kruste gegart. Pro Portion rechnet man 200 bis 250 g Fleisch.

1. *Die* ***Fettschicht*** *des Roastbeefs kreuzweise einschneiden. Die* ***Kräuterpaste*** *(2 Bund Petersilie, etwas Thymian, 2 El Senf, 3 El Öl) auf und an die Seiten des Bratens streichen.*

2. *Gebratenes Roastbeef in Alufolie wickeln und 10 Minuten ruhen lassen, damit sich der Fleischsaft gleichmäßig im Fleisch verteilt.*

3. *Den Braten aufschneiden und heiß oder kalt servieren.*

ALLES ÜBER RIND- UND KALBFLEISCH

Vielseitig: Kalbfleisch

Kalbsrouladen, Kalbsfilet und Kalbsbraten sind Klassiker der feinen Küche. Daß sich aus Haxe, Kotelett und Schulter auch Rustikales wie Ragout oder Eintopf zubereiten läßt, macht Kalbfleisch so vielseitig.

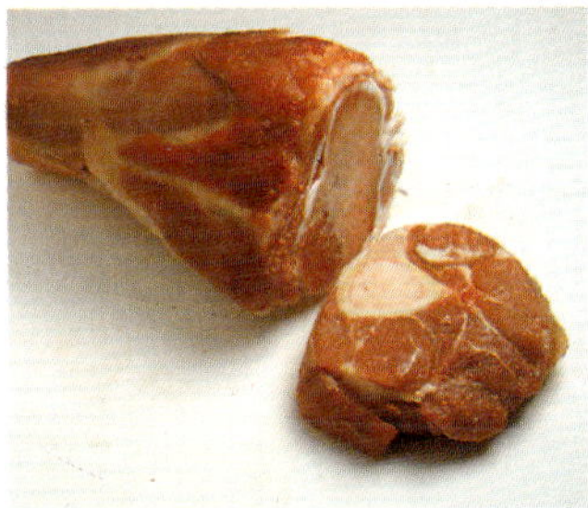

***Kalbshaxe** ist von Fettadern durchzogen und wird im Ganzen oder in Scheiben geschnitten gekocht oder geschmort, zum Beispiel für Ossobuco.*

***Kugel** oder **Nuß** stammt aus der Keule. Das zarte Fleisch eignet sich zum Braten im Ganzen, zum Schmoren und Braten in Scheiben und gewürfelt für Gulasch.*

***Kotelettstück** aus dem Kalbsrücken läßt sich im Ganzen braten. Das saftige Fleisch wird aber hauptsächlich in Scheiben zerteilt für Koteletts verwendet.*

***Schnitzel** werden meistens aus der Oberschale der Kalbskeule geschnitten. Die mageren, dünnen Fleischscheiben werden zum Braten etwas flach geklopft.*

***Filet** ist das edelste Teil des Kalbs, weil es besonders feinfaserig und mager ist. In Scheiben zerteilt wird es als **Filetsteak** oder als **Medaillons** zubereitet.*

KALBFLEISCH

Das edle und magere Fleisch sollten Sie nur bei einem Fleischer kaufen, der Ihnen Informationen über Herkunft und Aufzucht der Tiere geben kann. Kalbfleisch sollte fest und hellrot sein. Früher wurde das weiße Kalbfleisch der Milchkälber bevorzugt. Doch heute kommen die etwa 60 kg leichten Milchkälber praktisch nicht mehr auf den Markt. Jetzt werden Kälber im Schnitt nach 6 Monaten mit einem Gewicht von 140 kg geschlachtet. Das Fleisch dieser Kälber ist dann nicht mehr weiß, sondern hellrot, weil das im Futter (Gras, Heu) enthaltene Eisen dem Fleisch die dunklere Farbe verleiht.

Macht Fleisch zart: Marinade

Durch das ein- bis zweitägige Einlegen des Fleisches in eine herzhafte Marinade wird der Rinderbraten oder das Kalbsfilet nicht nur aromatischer, sondern auch mürber. Klassisch ist eine Würze aus Rotwein, Rotweinessig, Suppengrün, Pfeffer, Lorbeer und Wacholder. Das Fleisch kühl und abgedeckt marinieren.

Schmoren

Rouladen, Gulasch und Schmorbraten werden nach der gleichen Methode zubereitet: Sie werden geschmort. Das Schmoren ist eine Mischung aus Braten und Dünsten. Das Fleisch wird rundherum in sehr heißem Öl oder Butterschmalz angebraten und mit Flüssigkeit (Brühe, Fond, Bier oder Wein) abgelöscht. Das Fleisch zugedeckt im Ofen bei 175 Grad (Gas 2) oder auf dem Herd bei niedriger bis mittlerer Hitze weitergaren. Während des Schmorens das Fleisch wenden, evtl. Flüssigkeit nachgießen.

Fleisch rundum anbraten

Fleisch mit Brühe ablöschen

Braten gut 2 Stunden in Brühe und Gemüse schmoren

Rindfleischbrühe kochen

Die Bouillon oder Brühe ist die Basis für eine kräftige Suppe. Für 1 1/2–2 l Rindfleischbrühe rechnet man 500 g Knochen und 1 kg Fleisch (Beinscheibe, Brust oder Querrippe), 1 Zwiebel, 1 Lorbeerblatt, 2 Gewürznelken, 1 Bund Suppengrün, 1 El Pfefferkörner, Salz, 1 Zweig Thymian und 1 Knoblauchzehe. Eine Brühe mit Knochen sollte 2–4 Stunden offen bei milder Hitze kochen, eine Brühe mit Fleisch braucht 1 1/2–2 Stunden.

***1.** Knochen und Fleisch mit kaltem Wasser bedecken und langsam zum Kochen bringen. Durch das Gerinnen von Eiweiß bildet sich grauer Schaum, der abgeschöpft werden muß.*

***2.** Bildet sich kaum noch Schaum, können das zerkleinerte Gemüse und die Gewürze dazugegeben werden. Die Brühe bei milder Hitze 2–4 Stunden kochen lassen.*

***3.** Die Brühe zwischendurch immer wieder abschäumen und Fett abschöpfen, damit sie möglichst klar wird.*

***4.** Die Brühe über Nacht abkühlen lassen. Dann das erstarrte Fett abheben und die klare Bouillon vorsichtig abschöpfen und als Basis für Suppen verwenden.*

Schnitzel braten

Das zarteste Schnitzel ist das Wiener Schnitzel. Es ist immer aus Kalbfleisch, wird paniert und sollte nicht dicker als 1/2 cm sein. Zum Panieren von 4 Kalbs- oder Schweineschnitzeln braucht man 100 g Mehl, 3 Eier, 1 El geschlagene Sahne und Paniermehl (Brotkrumen von 8 Scheiben Toastbrot). Damit das Schnitzel nicht verbrennt, gibt man zur Probe ein Stück Weißbrot in das Öl: Wirft das Fett Bläschen und bräunt das Brot langsam, ist die Brattemperatur richtig.

***1.** Das Kalbsschnitzel mit einem Plattierer flach klopfen. Das macht beim Einkauf auf Wunsch auch der Fleischer.*

***2.** Das Schnitzel trockentupfen und in mit Salz und Pfeffer gemischtem Mehl wenden, überschüssiges Mehl abklopfen.*

***3.** Die Eier verquirlen, und mit geschlagener Sahne verrühren. Dann das Schnitzel von beiden Seiten durch das Eigemisch ziehen.*

***4.** Das Schnitzel anschließend mit einer Fleischgabel von beiden Seiten im Paniermehl wenden, die Panierung leicht andrücken.*

Das Schnitzel in reichlich Öl bei mittlerer Hitze von jeder Seite etwa 3 Minuten goldbraun braten.

RIND UND KALB

Pochiertes Rinderfilet mit Kräutersauce

Für 4 Portionen:
400 ml Gemüsefond
(a. d. Glas)
Salz
600 g Rinderfilet (im Stück)
2 Zweige Dill
1 Bund glatte Petersilie
1/2 Bund Sauerampfer
1 Handvoll Kerbel
2 Schalotten
20 g Butter oder Margarine
2–3 El Weißwein
250 ml Schlagsahne
Pfeffer (a. d. Mühle)
Zucker
Außerdem:
Küchengarn

1. Den Gemüsefond mit etwa 1 1/2 l Wasser und Salz zum Kochen bringen.

2. Das Rinderfilet mit Küchengarn umwickeln und an einem Kochlöffel festbinden, so daß das Fleisch im Kochtopf rundherum von kochendem Fond umgeben ist und nicht mit dem Topfboden in Berührung kommt. Das Filet bei milder Hitze 25–30 Minuten in dem Fond pochieren.

3. Die Kräuterblättchen von den Stielen zupfen, einige Dillästchen und Petersilienzweige beiseite legen, restliche Kräuter hacken. Schalotten pellen und würfeln.

4. Die Butter oder Margarine bei milder Hitze zerlassen, die Schalottenwürfel darin andünsten. Weißwein und Schlagsahne dazugeben und cremig einkochen lassen. Mit Salz, Pfeffer und 1 Prise Zucker würzen, vom Herd ziehen.

5. Die gehackten Kräuter und 6 El vom Kochfond dazugeben, die Sauce nicht mehr kochen lassen.

6. Die Kräutersauce auf Teller verteilen. Das Küchengarn vom Filet entfernen, das Fleisch in 4 Scheiben schneiden und auf die Sauce setzen, mit den restlichen Kräutern garnieren.

Zubereitungszeit: 50 Minuten
Pro Portion 34 g E, 30 g F, 5 g KH = 435 kcal (1821 kJ)

Carpaccio auf Chili-Tomaten-Kompott

Für 4 Portionen:
800 g Tomaten
50 g Schalotten
2 kleine Knoblauchzehen
30 g rote Chilischoten
12 El Olivenöl
(ca. 120 ml, kaltgepreßt)
8 El Balsamessig
(Aceto balsamico)
6 El Gemüsefond (a. d. Glas)
Salz
1 Tl Zucker
1 El schwarzer Pfeffer
(grob gemahlen)
50 g Rauke
80 g in Öl eingelegte
Kapernfrüchte
250 g Rinderfilet (im Stück)

1. Die Stielansätze der Tomaten keilförmig herausschneiden, die Tomaten kreuzweise einritzen und kurz in kochendes Wasser tauchen, abschrecken, häuten und vierteln. Die Kerne herausschaben und aufbewahren.

2. Die Schalotten und den Knoblauch pellen und fein würfeln. Die Chillies der Länge nach halbieren, die Kerne herauskratzen, das Fruchtfleisch in kleine Würfel schneiden.

3. Die Schalotten-, Knoblauch- und Chiliwürfel in 2 El Olivenöl andünsten. Tomatenviertel dazugeben, mit dem Balsamessig ablöschen und 1 Minute bei milder Hitze kochen lassen. Den Topf von der Herdplatte nehmen.

4. Die beiseite gestellten Tomatenkerne in ein feines Sieb geben und mit einem Löffel den Saft herausdrücken, den Saft mit dem Gemüsefond zum Tomatenkompott geben.

5. Das restliche Olivenöl dazugeben und mit Salz, Zucker und sehr grob gemahlenem schwarzem Pfeffer würzen. Das Kompott kühl stellen und eiskalt servieren.

6. Die Rauke waschen, putzen und gut abtropfen lassen. Die Kapernfrüchte, je nach Größe, halbieren.

7. Das Rinderfilet, falls nötig, von Fett und Sehnen befreien. Das Filet in 16 dünne Scheiben schneiden.

8. Jeweils 4 Scheiben in etwas größerem Abstand voneinander auf Klarsichtfolie legen und mit einer zweiten Folie bedecken. Die Rinderfiletscheiben mit einem Plattierer oder einem schweren Messer hauchdünn klopfen und in der Folie kühl stellen.

9. Zum Servieren das Kompott in ein Sieb geben, die Marinade auffangen. Die Tomatenstücke auf tiefe Teller verteilen. Die Raukeblätter dazulegen.

10. Die Carpaccioscheiben vorsichtig aus der Folie nehmen und auf den Tomatenstücken anrichten. Die Kapernfrüchte dazulegen. Die Marinade gut durchrühren und gleichmäßig über alles verteilen.

Zubereitungszeit: 3/4 Stunde
(plus Kühlzeiten)
Pro Portion 16 g E, 33 g F, 8 g KH =
406 kcal (1700 kJ)

RIND UND KALB

Kalbsrücken mit Sherrysauce

Für 10 Portionen:
4 Knoblauchzehen
20 g frische Ingwerwurzel
5 El Sojasauce
3/8 l Sherry (trocken)
3 El Rotweinessig
3 El Sesamöl
2 rote frische Chilischoten
1,8 kg Kalbsrücken
(ohne Knochen)
Salz
1 kg Wirsing
50 g Rohrzucker
1 gestr. El Speisestärke
50 g Butter oder Margarine

1. Am Vortag Knoblauch und Ingwer schälen und in dicke Scheiben schneiden. Mit 3 El Sojasauce, Sherry, Rotweinessig, 2 El Sesamöl, Chilischoten und 1 l Wasser verrühren.

2. Die Schwarte des Kalbsrückens mit einem scharfen Messer über Kreuz einritzen. Fleisch und Marinade in einen Gefrierbeutel geben, fest verschnüren und über Nacht marinieren lassen.

3. Am nächsten Tag den Backofen mit der Saftpfanne auf 250 Grad (Gas 5, Umluft 225 Grad) vorheizen.

4. Das Fleisch gründlich trokkentupfen, leicht mit Salz einreiben und mit der Schwarte nach oben auf die heiße Saftpfanne legen. Etwa die Hälfte der Marinade dazugießen und das Fleisch auf der 2. Einschubleiste von unten 35 Minuten braten.

5. Inzwischen den Wirsing putzen, in Rauten schneiden, 3 Minuten in Salzwasser blanchieren und abtropfen lassen.

6. Rohrzucker mit restlichem Sesamöl und restlicher Sojasauce verrühren. Das Fleisch nach 25 Minuten Bratzeit damit bestreichen und die restliche Marinade dazugießen.

7. Den Braten fest in Alufolie einwickeln und etwa 10 Minuten im ausgeschalteten Ofen ruhen lassen.

8. Inzwischen die Röststoffe von der Saftpfanne mit 1/8 l heißem Wasser und einem Backpinsel lösen. Den Saucenfond durch ein feines Sieb gießen und entfetten.

9. Die Stärke mit 3 El kaltem Wasser verrühren, in den Saucenfond gießen und 1 Minute kochen lassen.

10. Den Wirsing in der Butter oder Margarine erhitzen. Das Fleisch in Scheiben schneiden, den Bratensaft aus der Folie in die Sauce gießen.

Dazu passen knusprig gebratene chinesische Nudeln mit Porreeringen.

Zubereitungszeit: 1 1/4 Stunden
(plus Marinierzeit)
Pro Portion 41 g E, 13 g F, 15 g KH =
358 kcal (1498 kJ)

Kalbsfrikadellen mit Tomaten-Kapern-Sauce

Für 4 Portionen:
75 g durchwachsener Speck
(in Scheiben)
100 g Staudensellerie
100 g Möhren
1 Dose geschälte Tomaten
(800 g EW)
4 El Olivenöl
200 g Schalotten
4 Knoblauchzehen
80 g Kapern
Salz
schwarzer Pfeffer
(a. d. Mühle)

80 g Walnußkerne
80 g getrocknete Tomaten in Öl (a. d. Glas)
2 Scheiben Weizentoastbrot
1/2 Bund glatte Petersilie
1 kleines Bund Basilikum
4 Sardellenfilets
500 g Kalbshack
1 Ei (Kl. L)
5 El Öl

1. Den Speck in sehr feine Streifen schneiden. Das Selleriegrün fein hacken und beiseite stellen. Die Möhren und den Staudensellerie putzen, in der Küchenmaschine (z. B. Moulinette) fein zerkleinern.

2. Geschälte Tomaten abtropfen lassen, den Saft auffangen und die Tomaten grob würfeln.

3. Den Speck im Olivenöl knusprig ausbraten. Schalotten pellen und fein würfeln. 100 g Schalotten, 2 durchgepreßte Knoblauchzehen, Möhren, Sellerie und Tomatenstücke dazugeben und im Fett andünsten. Tomatensaft und abgetropfte Kapern dazugeben, mit Salz und Pfeffer würzen und 30 Minuten bei milder Hitze kochen lassen.

4. Die Walnußkerne grob hacken, getrocknete Tomaten zerkleinern. Restliche Schalotten, durchgepreßte Knoblauchzehen und die Walnüsse in 3 El Tomatenöl andünsten. Das Toastbrot grob würfeln und in der Küchenmaschine fein zerkrümeln. Petersilie, Basilikum und Sardellen fein hacken.

5. Das Kalbshack mit Ei, Toastbrot, getrockneten Tomaten, Walnußgemisch, Petersilie, Basilikum und Sardellen zu einer glatten Masse verarbeiten, mit Salz und Pfeffer würzen.

6. Aus der Hackmasse 16 glatte Frikadellen formen. Im heißen Öl auf jeder Seite bei mittlerer Hitze 5 Minuten goldbraun braten. Frikadellen auf der heißen Tomatensauce anrichten und mit dem Selleriegrün bestreuen.

Dazu paßt Bruschetta.

Zubereitungszeit: 1 Stunde, 20 Minuten
Pro Portion 37 g E, 69 g F, 24 g KH = 899 kcal (3760 kJ)

RIND UND KALB

Ungarisches Gulasch

Für 6 Portionen:
3 Knoblauchzehen
1 El Kümmelkörner
1 El Salz
30 g Paprikapulver (edelsüß)
1 El abgeriebene Zitronenschale (unbehandelt)
1,5 kg Rindergulasch (in Würfeln von etwa 2,5 cm Kantenlänge)
1 Chilischote (klein, getrocknet)
1 kg Gemüsezwiebeln
500 g grüne Paprikaschoten
500 g rote Paprikaschoten
750 g Kartoffeln
200 g durchwachsener Speck (ca. 6 Scheiben)
60 g Gänseschmalz

1. Die Knoblauchzehen pellen und durchpressen. Kümmel und Salz in einem Mörser zerstoßen. Paprikapulver, Zitronenschale, Knoblauch und die Kümmel-Salz-Mischung mit dem Fleisch gut vermischen. Chilischote zerdrükken und untermischen.

2. Die Gemüsezwiebeln pellen, vierteln und in Scheiben schneiden. Die Paprikaschoten putzen und in Stücke von etwa 2,5 cm Kantenlänge schneiden. Kartoffeln schälen und in Scheiben schneiden.

3. Den Boden eines ofenfesten Schmortopfs mit den Speckscheiben auslegen. Eine Schicht Kartoffelscheiben darauf verteilen, darauf eine Schicht Paprikastücke, darauf eine Schicht Fleischwürfel und darauf eine Schicht Zwiebelscheiben geben. Diese Schichtung zweimal wiederholen. Das Schmalz in Flöckchen auf der Oberfläche verteilen, den Topf mit einem Deckel fest verschließen.

4. Backofen auf 250 Grad (Gas 5, Umluft 225 Grad) vorheizen. Den Topf auf einem Rost auf die unterste Einschubleiste schieben und alles 1 3/4 Stunden geschlossen schmoren. Nach 1 Stunde den Topf herausnehmen, alle Zutaten vorsichtig umrühren, den Topf wieder schließen, das Gulasch fertiggaren.

Zubereitungszeit: 2 1/2 Stunden
Pro Portion 57 g E, 48 g F, 29 g KH = 822 kcal (3434 kJ)

Tip: **Wichtig für den Geschmack des Gulaschs ist frisches Paprikapulver: Es ist leuchtendrot, mild und duftet intensiv. Eine bräunlich-rote Farbe verrät zu alten Paprika.**

Asiatischer Sauerbraten

Für 6 Portionen:
Marinade:
1 Bund Frühlingszwiebeln (in Ringen)
40 g frische Ingwerwurzel (in Scheiben)
250 g Schalotten (grob gewürfelt)
20–30 g rote Chilischoten (in Ringen)
3 Stangen Zitronengras (in Ringen)
6 Zitronenblätter (halbiert)
2 Knoblauchzehen (durchgepreßt)
1/2 l Sake (Reiswein)
1/8 l Weißweinessig
3 El Sojasauce
3 El Pflaumenwein
800 g Kalbsfilet (im Stück)
2 El Butterschmalz
Salz
Pfeffer (a. d. Mühle)
400 ml Kalbsfond (a. d. Glas)
Gemüse:
300 g Shiitake-Pilze
300 g Möhren
2 Bund Frühlingszwiebeln
15 g geschälte Sesamsaat
5 Zweige Koriandergrün
3 El Öl
1 El Sesamöl
1–1 1/2 El Speisestärke
Außerdem:
Küchengarn

1. Für die Marinade alle zerkleinerten Zutaten mit Reiswein, Essig, Sojasauce und Pflaumenwein in einen Topf geben, einmal aufkochen und abkühlen lassen.

2. Das Kalbsfilet am schmalen Ende umklappen, mit Küchengarn fest umwickeln, mit der Marinade in einen großen Gefrierbeutel geben. Fest verschließen und 3 Tage im Kühlschrank marinieren lassen.

3. Das Fleisch aus der Marinade nehmen und trockentupfen. Die Marinade durch ein feines Sieb gießen, die Gemüse gut ausdrücken.

4. Butterschmalz in einer großen Pfanne erhitzen. Das Fleisch salzen und pfeffern, bei mittlerer Hitze ca. 10 Minuten rundherum goldbraun anbraten.

5. Das Fleisch herausnehmen und in einen großen Bräter legen. Das ausgedrückte Gemüse im Bratfett unter Wenden andünsten. Nach und nach mit der Marinade ablöschen und ca. 10 Minuten offen einkochen lassen. Die Marinade zum Fleisch geben, zugedeckt bei mittlerer Hitze 40 Minuten schmoren. Dabei öfter mit warmem Kalbsfond begießen.

6. Für das Gemüse die Pilze kurz abspülen, die Stiele entfernen und die Pilze vierteln. Möhren und Frühlingszwiebeln putzen und in feine Streifen schneiden. Den Sesam ohne Fett in einer Pfanne goldbraun rösten. Korianderblätter abzupfen und hacken.

7. Öl und Sesamöl in einer großen Pfanne erhitzen. Erst Pilze und Möhren ca. 3–4 Minuten unter Wenden andünsten. Dann die Frühlingszwiebeln und den Koriander dazugeben und herzhaft mit Salz und Pfeffer würzen.

8. Das Fleisch aus dem Sud nehmen und in Alufolie wikkeln. Den Sud durch ein feines Sieb in einen anderen Topf gießen und gut ausdrücken. Die Speisestärke mit 3 El kaltem Wasser glattrühren, in die kochende Sauce rühren und ca. 3–5 Minuten offen einkochen lassen.

9. Das Fleisch in Scheiben schneiden, mit der Sauce und dem Gemüse servieren.

Dazu passen gebratene chinesische Eiernudeln oder Basmati-Reis.

Zubereitungszeit: 2 Stunden
(plus Marinierzeit)
Pro Portion 32 g E, 17 g F, 8 g KH =
334 kcal (1399 kJ)

RIND UND KALB

Wiener Schnitzel

Für 4 Portionen:
4 Kalbsschnitzel
(a. d. Oberschale der Kalbskeule; à 120–150 g)
100 g Mehl
Salz
weißer Pfeffer
3 Eier (Kl. L)
1 El geschlagene Sahne
Brotkrumen von 8 Scheiben Weizentoastbrot
ca. 1/2 l Öl zum Braten
1 Zitrone (unbehandelt)

1. Die Kalbsschnitzel flachklopfen. (Ein Wiener Schnitzel sollte nicht dicker sein als 5 mm.)

2. Die Schnitzel mit Küchenpapier trockentupfen.

3. In einem Teller Mehl, Salz und Pfeffer mischen. In einem anderen Teller die Eier mit einer Gabel verschlagen, bis Eiweiß und Eigelb gut verrührt sind. Geschlagene Sahne unter die Eier mischen. In einem dritten Teller die Brotkrumen verteilen.

4. Die Schnitzel zuerst in Mehl wenden, überschüssiges Mehl abklopfen.

5. Anschließend jedes Schnitzel durch das Ei-Sahne-Gemisch ziehen. Schnitzel sofort von beiden Seiten in die Brotkrumen drücken.

6. Reichlich Öl in einer großen Pfanne erhitzen. (Eventuell mit einem trockenen Stück Weißbrot eine Probe machen: Wenn das Fett kleine Bläschen wirft und das Brot langsam bräunt, ist die Temperatur richtig.) Schnitzel goldbraun braten (ca. 3 Minuten pro Seite).

7. Die Schnitzel mit einer Fleischgabel oder Schaumkelle aus dem Fett heben, kurz auf Küchenpapier legen, damit das überschüssige Fett aufgesogen wird.

Zubereitungszeit: 40 Minuten
Pro Portion 33 g E, 26 g F, 35 g KH = 529 kcal (2211 kJ)

Ochsenschwanz in Apfelwein

Für 4 Portionen:
2 kg Ochsenschwanz (in Stücken)
Salz
Pfeffer (a. d. Mühle)
5 El Öl
400 ml Apfelwein
1 l Rinderfond (a. d. Glas)
je 6 schwarze Pfeffer- und Korianderkörner (zerdrückt)
600 g Suppengrün
250 g Zwiebeln
350 g Äpfel
1 Bund glatte Petersilie
1/2 Bund Majoran

1. Von den Ochsenschwanzstücken das äußere Fett entfernen. Die Stücke salzen, pfeffern und in einem breiten Bräter im Öl bei starker Hitze rundum kräftig anbraten.

2. Apfelwein, Rinderfond, Pfeffer- und Korianderkörner dazugeben. Den Bräter mit einem Deckel verschließen.

3. Das Fleisch auf dem Boden des vorgeheizten Backofens insgesamt 2 1/2 Stunden bei 180 Grad garen (Gas 2–3, Umluft nicht empfehlenswert).

4. Das Suppengrün waschen, putzen und in 1 cm große Würfel schneiden, Porree separat beiseite stellen. Zwiebeln pellen und in ca. 1 cm große Würfel schneiden. Die Zwiebel- und Gemüsewürfel bis auf den Porree 25 Minuten vor Ende der Garzeit zum Ochsenschwanz geben.

5. Die Äpfel schälen, vierteln, von den Kerngehäusen befreien und in ca. 1 cm große Würfel schneiden. Apfel- und Porreewürfel 10 Minuten vor Ende der Garzeit zum Ochsenschwanz geben.

6. Petersilie und Majoran abzupfen und fein hacken. Bräter aus dem Ofen nehmen, die Kräuter untermischen, dabei eventuell mit Salz und Pfeffer nachwürzen. Den Ochsenschwanz im Bräter servieren.

Zubereitungszeit: 3 Stunden
Pro Portion 61 g E, 43 g F, 21 g KH = 753 kcal (3144 kJ)

SCHWEIN

Schweinefleisch ist ideal zum Braten: entweder schnell als Schnitzel oder Frikadelle in der Pfanne gebrutzelt oder als saftiger Nacken- oder Krustenbraten im Ofen gegart. Damit die sauguten Klassiker zum vollendeten Genuß werden, muß nicht allein die Zubereitung stimmen, sondern auch die Fleischqualität.

1. *Den Schweinenackenbraten fest mit Küchengarn wie ein Paket umwickeln und rundherum im heißen Fett goldbraun anbraten.*
2. *Gemüse und Gewürze zum angebratenen Fleisch geben und kurz andünsten.*
3. *Braten und Gemüse mit Fond ablöschen und im Backofen offen braten.*

Saftig, herzhaft und immer wieder gut: Schweinebraten mit Sauce, Paprikagemüse und Kartoffelpüree. Rezept Seite 26

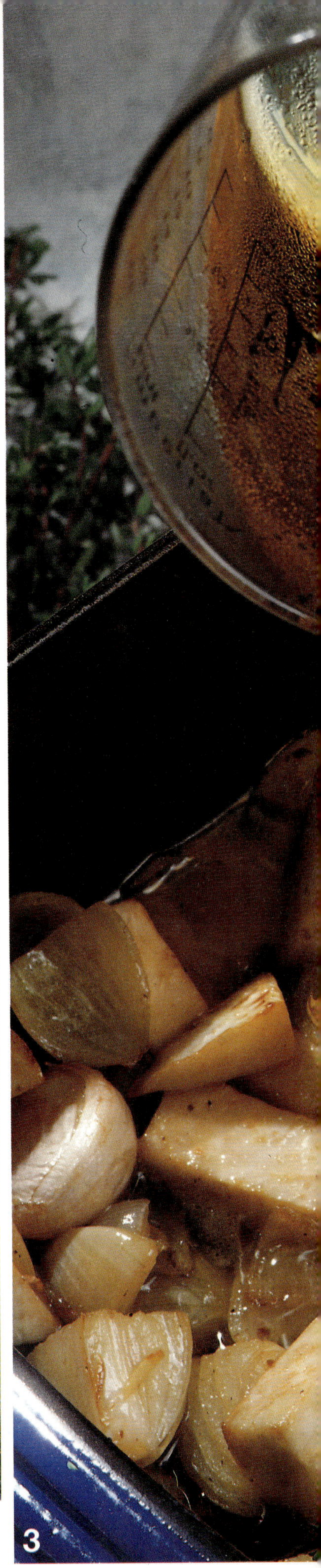

ALLES ÜBER SCHWEINEFLEISCH

Schweinenackenbraten

Zum Foto auf Seite 24

Für 4–6 Portionen:
1,2 kg Schweinenackenbraten (ausgelöst)
Salz
Pfeffer (a. d. Mühle)
200 g Knollensellerie
250 g Zwiebeln
4 El Öl
2–3 Knoblauchzehen
1 kleines Bund Thymian
400 ml Gemüsefond (a. d. Glas)
1 El Speisestärke

1. Den ausgelösten Nackenbraten mit Küchengarn wie ein Paket verschnüren. Mit Salz und Pfeffer würzen.

2. Den Sellerie schälen und in grobe Stücke schneiden. Die Zwiebeln pellen, vierteln und quer halbieren.

3. Das Öl in einem Bräter erhitzen und das Fleisch rundherum goldbraun anbraten. Sellerie, Zwiebeln, ungepellten Knoblauch und Thymian dazugeben, kurz andünsten.

4. Fleisch und Gemüse mit Fond und 200 ml Wasser ablöschen. Den Nackenbraten im vorgeheizten Backofen bei 175 Grad (Gas 2, Umluft 175 Grad; bei Umluft evtl. etwas Flüssigkeit dazugeben) auf der untersten Einschubleiste 1 1/2–1 3/4 Stunden braten.

5. Den Braten im Ofen warm halten. Die Bratensauce und das Gemüse in ein Sieb geben. Die Sauce auffangen und in einen Topf geben.

6. Die Stärke mit etwas Wasser verrühren. In die Sauce geben und 2 Minuten kochen lassen, mit Salz und Pfeffer würzen. Den Braten in Scheiben schneiden und mit der Sauce servieren.

Dazu paßt Paprikagemüse und Kartoffelpüree.

Zubereitungszeit: 2 Stunden
Pro Portion (bei 6 Portionen) 41 g E, 26 g F, 2 g KH = 405 kcal (1691 kJ)

Schnelles aus der Pfanne: Schnitzel, Kotelett und Filet

Sie zählen zu den beliebtesten Gerichten: Schnitzel, Kotelett und Filet in der Pfanne gebraten. Schweinefleisch soll durchgebraten, aber noch zartrosa sein und nicht wie Rind einen roten Kern haben. Ein Kotelett ist nach 5–7 Minuten pro Seite bei mittlerer Hitze gegart butterzart.

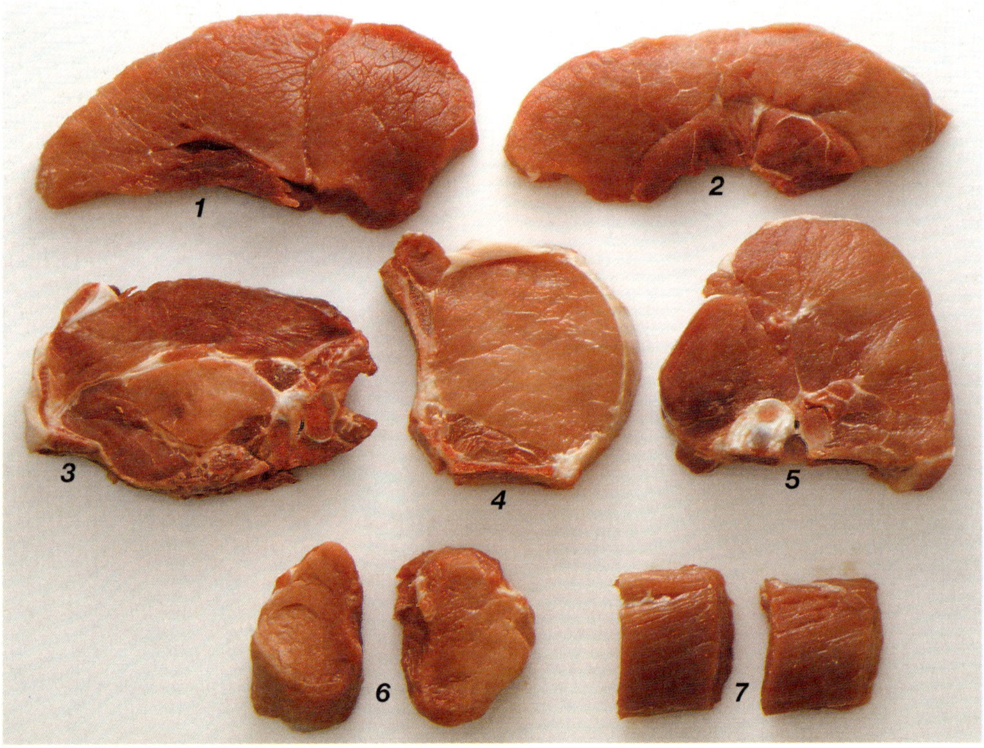

__1__ und __2__ Das __Schnitzel__ wird aus der Keule des Schweines, der Unter- und Oberschale, geschnitten. Die knochenfreien Fleischscheiben genießt man meistens paniert gebraten.

__3__ Es gibt mehrere Kotelettsorten: das Nacken-, Stiel- und Filetkotelett. Das __Nacken-__ oder __Kammkotelett__ schmeckt herzhaft und ist von Fettadern durchzogen. Dadurch bleibt es beim Braten und Grillen saftig.

__4__ Das __Stielkotelett,__ einfach als Kotelett bezeichnet, wiegt mit Wirbelknochen, Rippen und dem typischem Fettrand etwa 150 g.

__5__ Besonders zart und fein ist das magere Fleisch des __Filet-, Lummer-__ oder __Lendenkoteletts.__ Es wiegt etwa 200 g und hat kleine Knochen, an denen das Filet angewachsen ist.

__6__ und __7__ Das edle __Filet__ ist in Scheiben zerteilt und rosa gebraten ein Genuß.

Braten füllen

***Schweinebauch** bietet sich besonders zum Füllen an mit einer **Fleisch-, Backobst- oder Kräuterfüllung.** Die Rippenknochen des Schweinebauches zuerst auslösen. Dann die Füllung auf das Fleisch legen und die Fleischseiten über der Füllung zusammenschlagen. Die Fleischnaht mit Holzstäbchen feststecken, den Braten mit Küchengarn umwickeln und mit der Nahtseite nach unten in den Bräter setzen.*

Hackfleisch

Das im Fleischwolf zerkleinerte ***Muskelfleisch*** *von Schwein, Rind oder Kalb läßt sich sehr vielseitig zubereiten: als Braten, zu Frikadellen, zu Klopsen, als Füllung, in Aufläufen oder roh mit Zwiebeln und Ei verfeinert. Am beliebtesten ist das* ***gemischte Hack****, bestehend aus gleichen Teilen Rind- und Schweinefleisch. Für einen Hackbraten (4 Portionen) rechnet man 750 g Hackfleisch, 100 g Weißbrot (eingeweicht, ausgedrückt), 2–3 Eier, 100 g Zwiebeln (gedünstet) und Gewürze.*

Geschnetzeltes

Für die schnellen Pfannengerichte aus dem Fleisch von Schwein, Rind, Kalb, Geflügel oder Wild muß das Fleisch zart, fein und frei von Häuten und Sehnen sein. Zum Schnetzeln eignen sich sowohl Steaks und Filetspitzen als auch Stücke aus der Schulter oder Keule.

Zubereitung für 4 Portionen:

500–600 g Fleischstreifen portionsweise in heißem Öl oder Butterschmalz schnell anbraten, aus der Pfanne nehmen. Vorbereitetes Gemüse andünsten, herausnehmen. Den Bratensatz mit etwas Brühe, Fond oder Wein ablöschen, kurz einkochen, mit 1/4–1/2 l Flüssigkeit aufkochen und evtl. andicken. Alle Zutaten vermengen.

Fein, pikant und schnell: Geschnetzeltes mit Champignons

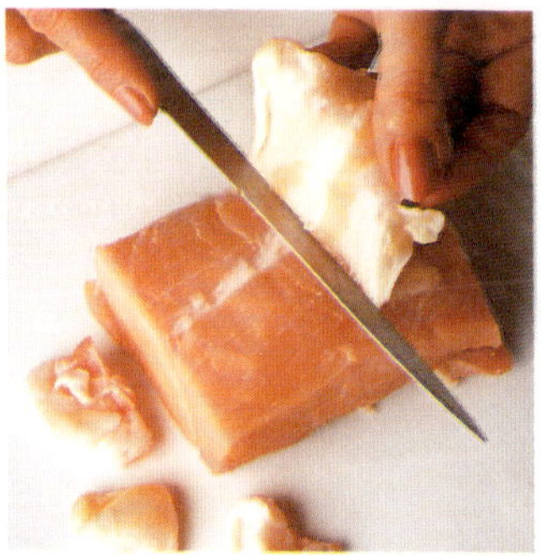

1. *Zum Schnetzeln des Fleisches die Häute und Sehnen mit einem scharfen Messer gründlich entfernen.*

2. *Das Fleisch zuerst in etwa 1 cm dicke Scheiben und dann in streichholzlange Streifen schneiden.*

Schmorbraten

Schweinebraten können offen oder im geschlossenen Bräter zubereitet werden. Für Schmorbraten ***ohne krosse Kruste*** *wird das Fleisch (1,3 kg für 4 Portionen, Nacken, Schulter, Rücken) rundherum angebraten, mit Brühe abgelöscht und zugedeckt etwa 1 Stunde bei 200 Grad (Gas 3) geschmort.*

SCHWEIN

Fragen Sie beim Kauf, ob die Schweine aus artgerechter Tierhaltung stammen. Bei dieser traditionellen Zuchtmethode werden Schweine nur mit natürlichem Futter ohne Chemie aufgezogen. Das Fleisch ist kräftig rosa, aromatisch, saftig, aber nicht wäßrig und von feinen Fettadern durchzogen.

Hackfleisch sollte am Tag des Kaufs zubereitet werden, weil sich durch das Zerkleinern schnell Keime vermehren können. Das Hack bis zur Verarbeitung immer kühl lagern.

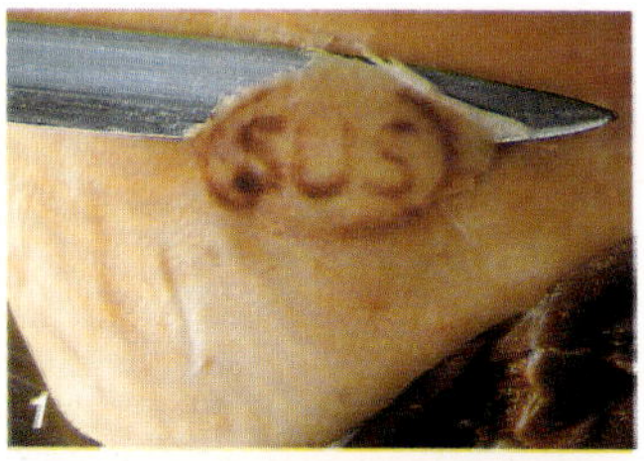

Krustenbraten

Die Krönung aller Schweinebraten ist der krosse Krustenbraten.

1. *Den Stempel des* ***Schulterbratens*** *von der Schwarte abschneiden.*

2. *Die* ***Schwarte rautenförmig*** *bis zum Fleisch einschneiden, am besten mit einem Cutter (Grafikbedarf) oder Skalpell.*

3. *Die* ***Einschnitte*** *in der Schwarte mit Salz einreiben. Den Braten (4,5 kg für 12 Portionen) im vorgeheizten Backofen bei 175 Grad (Gas 2, Umluft 160 Grad) insgesamt 2 1/4 Stunden braten. Nach 1 1/2 Stunden 1/8 l Malzbier und nach Belieben Gemüse dazugeben.*

SCHWEIN

Süß-saure Möhrenpfanne

Für 4 Portionen:
400 g Schweineschnitzel
Salz
10 El Orangensaft
5 El Sojasauce
2 El Honig
Cayennepfeffer
350 g Möhren
1 Stange Porree (200 g)
75 g Erdnüsse (gesalzen)
2 Eier (Kl. M)
3 El Speisestärke
Öl zum Ausbacken (ca. 1/4 l)
2 El Weißweinessig

1. Das Schnitzelfleisch in Streifen schneiden und salzen. Den Orangensaft mit der Sojasauce, 1 El Honig und 1 Prise Cayennepfeffer verrühren und die Fleischstreifen darin 2 Stunden marinieren lassen.

2. Die Möhren und den Porree putzen, in feine Streifen schneiden. Die Erdnüsse grob hacken, die Eier verquirlen.

3. Das Fleisch aus der Marinade nehmen, mit der Speisestärke bestäuben und durch die Eimasse ziehen.

4. Das Öl in einer tiefen Pfanne erhitzen, das Fleisch portionsweise darin schwimmend braten und auf Küchenpapier abtropfen lassen.

5. Das Öl bis auf ca. 2 El abgießen. Die Gemüsestreifen darin andünsten. Mit restlichem Honig, Essig und 1 Prise Salz würzen, die Marinade dazugeben, aufkochen lassen. Erdnüsse und Fleischstreifen unterheben.

Zubereitungszeit: 1 Stunde
(plus Marinierzeit)
Pro Portion 34 g E, 27 g F, 20 g KH =
469 kcal (1966 kJ)

Kasseler in Blätterteig

Für 6 Portionen:
800 g Kasseler (ausgelöst)
Pfeffer (a. d. Mühle)
5 El Butterschmalz
1/4 l Gemüsefond (a. d. Glas)
750 g säuerliche Äpfel
3 El Zitronensaft
1 Rolle Blätterteig
(32 cm Ø, a. d. Kühlregal)
Fett für das Blech
30 g Semmelbrösel
1 Ei (getrennt)
150 ml Schlagsahne
2 Tl Meerrettich (a. d. Glas)
Zucker
1/2 Bund glatte Petersilie
(gehackt)

1. Kasseler mit Pfeffer würzen. 2 El Butterschmalz in einem Bräter erhitzen, das Fleisch darin anbraten. Den Gemüsefond dazugießen, zugedeckt 10 Minuten schmoren lassen.

2. Die Äpfel schälen, vierteln, entkernen und längs in breite Spalten schneiden. Die Apfelspalten mit 2 El Zitronensaft beträufeln, in mehreren Portionen im restlichen Butterschmalz goldgelb anbraten.

3. Den Blätterteig auf einem gefetteten Blech entrollen und gleichmäßig mit den Semmelbröseln bestreuen.

4. Das abgetropfte Fleisch auf die eine Seite des Teiges setzen und mit dem Eiweiß bestreichen. Die Hälfte der Apfelspalten auf dem Fleisch verteilen. Den Teig über den Braten klappen, so daß die Teignaht an der Seite sitzt, Teig gut andrücken und mit verquirltem Eigelb bestreichen.

5. Kasseler im vorgeheizten Backofen bei 200 Grad (Gas 3, Umluft 35 Minuten bei 175 Grad) auf der untersten Einschubleiste 40 Minuten backen.

6. Den Bratenfond und die Sahne 5 Minuten einkochen lassen. Mit Meerrettich, Pfeffer, 1 Prise Zucker und restlichem Zitronensaft würzen. Restliche Apfelspalten und Petersilie dazugeben.

7. Den Braten kurze Zeit im ausgeschalteten Ofen ruhenlassen, dann in Scheiben schneiden und mit der Apfel-Meerrettich-Sauce servieren.

Zubereitungszeit: 1 1/2 Stunden
Pro Portion 30 g E, 46 g F, 34 g KH = 670 kcal (2802 kJ)

Schweinefilet mit Paprika-Aprikosen-Sauce

Für 4–6 Portionen:
2 gelbe Paprikaschoten (ca. 400 g)
500 g Aprikosen
10 g frische Ingwerwurzel
1 Knoblauchzehe
1/2 El Korianderkörner
1 Schweinefilet (ca. 350 g)
Salz
grober schwarzer Pfeffer
30 g Butterschmalz
1 Tl Zucker
Zimt (gemahlen)
100 ml Weißwein (trocken)
1 Zitrone (unbehandelt)
1 Bund Schnittlauch

1. Die Paprikaschoten vierteln, putzen und 1 cm groß würfeln. Die Aprikosen halbieren, entsteinen und 2 cm groß würfeln. Den Ingwer schälen und sehr fein hacken. Den Knoblauch pellen. Den Koriander grob zerstoßen.

2. Das Schweinefilet mit Salz und Pfeffer würzen und im sehr heißen Butterschmalz rundherum scharf anbraten. In eine ofenfeste Form legen.

3. Das Filet im vorgeheizten Backofen bei 175 Grad (Gas 2, Umluft 160 Grad) auf der 2. Einschubleiste von unten je nach Dicke 15–20 Minuten garen, dabei nach der Hälfte der Zeit einmal wenden.

4. Inzwischen Paprika und Aprikosen bei milder Hitze im Bratfett des Schweinefilets andünsten. Mit Salz, Pfeffer und Zucker, Ingwer, Koriander, 1 Prise Zimt und durchgepreßtem Knoblauch würzen. Den Wein dazugießen und zugedeckt bei sehr schwacher Hitze 10 Minuten leise dünsten.

5. Die Zitrone fein abreiben, Zitrone halbieren und den Saft auspressen. Den Schnittlauch schräg in Röllchen schneiden. Die Sauce mit Zitronensaft, Zitronenschale und Schnittlauch würzen. Das Schweinefilet in Scheiben schneiden und mit der Paprika-Aprikosen-Sauce servieren.

Dazu paßt Reis.

Zubereitungszeit: 40 Minuten
Pro Portion (bei 6 Portionen) 15 g E, 6 g F, 11 g KH = 170 kcal (711 kJ)

Linseneintopf mit Eisbein

Für 6 Portionen:
1 gepökeltes Eisbein (ca. 1,5 kg)
3 El Essig
2 Lorbeerblätter
1 Tl Wacholderbeeren
1 Tl schwarze Pfefferkörner
150 g Zwiebeln
100 g Porree
100 g Sellerie
350 g Möhren
150 g Linsen
300 g Rosenkohl (TK)
1 Bund glatte Petersilie

1. Das Eisbein waschen und in 2,5 l kaltem Wasser aufsetzen. Essig, Lorbeerblätter, Wacholderbeeren und Pfefferkörner dazugeben. Fleisch 1 3/4 Stunden bei milder Hitze ohne Deckel kochen lassen, zwischendurch abschäumen.

2. Die Zwiebeln ungepellt quer halbieren und mit der Schnittseite nach unten in einer Pfanne ohne Fett rösten.

3. Porree, Sellerie und Möhren putzen, ca. 250 g Möhren in dünne Scheiben schneiden und beiseite legen. Das restliche Gemüse in grobe Stücke schneiden, nach 1 Stunde Kochzeit mit den Zwiebeln in die Brühe geben.

4. Das Eisbein nach insgesamt 1 3/4 Stunden Kochzeit aus dem Topf nehmen und kalt abspülen. Die Brühe durch ein Sieb gießen. Die Linsen in der Brühe 30 Minuten kochen.

5. Nach 15 Minuten die Möhrenscheiben und das in Würfel geschnittene Eisbein in den Topf geben.

6. Nach weiteren 5 Minuten den Rosenkohl dazugeben. Den Linseneintopf mit gehackter Petersilie bestreuen.

Zubereitungszeit: 2 1/2 Stunden
Pro Portion 38 g E, 16 g F, 19 g KH = 373 kcal (1563 kJ)

Leber-Fleischküchle mit Spitzkohlsalat

Für 4 Portionen:
1 1/2 Scheiben Weizentoastbrot
1 Bund glatte Petersilie
3 Zweige Majoran
100 g Schalotten
1 Knoblauchzehe
14 El Öl (ca. 140 ml)
175 g Kalbsleber
250 g Schweinehack
1 Ei (Kl. L)
Salz
weißer Pfeffer (a. d. Mühle)
Muskatnuß (frisch gerieben)
1 Spitzkohl (ca. 1,3 kg)
5 El Weißweinessig
100 g Frühlingszwiebeln
2 Bund kleine weiße Rettiche (pro Bund ca. 200 g)
1 Bund Schnittlauch
30 g Butter

1. Das Toastbrot würfeln und in der Küchenmaschine oder Moulinette fein zerkrümeln. Petersilie und Majoran fein hacken.

2. Die Schalotten pellen und fein würfeln. Den Knoblauch pellen und durchpressen. Schalotten mit Knoblauch in 2 El Öl andünsten. Petersilie und Majoran untermischen. Die Kalbsleber in der Küchenmaschine oder Moulinette grob pürieren.

3. Schweinehack, Kalbsleber, Schalottengemisch, Toastkrümel und Ei mit den Händen kneten, bis die Zutaten sich gut verbunden haben. Die Hackmasse mit Salz, Pfeffer und Muskat würzen.

4. Aus der Masse mit angefeuchteten Händen 12 runde, flache Fleischküchle (Frikadellen) mit glatter Oberfläche formen, kalt stellen.

5. Vom Spitzkohl die äußeren dunklen Blätter entfernen. Den Kohl entblättern, die dicken Blattrippen herausschneiden und die Blätter in feine Streifen schneiden. Salz dazugeben und mit den Händen kurz und kräftig durchkneten.

6. Essig und 8 El Öl verrühren, pfeffern. Die Frühlingszwiebeln putzen, das Weiße und Hellgrüne in feine Ringe schneiden und kurz vor dem Servieren untermischen.

7. Die Rettiche schälen, das Grün nicht entfernen. Den Schnittlauch in feine Röllchen schneiden.

8. Die Fleischküchle im restlichen Öl bei mittlerer Hitze auf jeder Seite 5–6 Minuten braten, zum Schluß die Butter dazugeben.

9. Zum Servieren den Spitzkohlsalat mit den Rettichen auf Tellern anrichten. Die Fleischküchle dazulegen, mit der Bratbutter beträufeln und mit Schnittlauch bestreuen.

Dazu schmecken frische Laugenbrezeln.

Zubereitungszeit: 1 3/4 Stunden
Pro Portion 31 g E, 51 g F, 17 g KH = 652 kcal (2723 kJ)

Gepreßte Schweinesülze

Für 10–12 Portionen:
1 Schweinefuß (ca. 500 g)
400 g Kalbsknochen
1,4 kg Schweineschulter (mit Knochen, gepökelt)
1,4 kg Schweinehaxen (mit Knochen, gepökelt)
500 g Suppengrün
250 g Gemüsezwiebeln
3 Lorbeerblätter
1 Tl Senfkörner
3 El Essig, Salz
weißer Pfeffer (a. d. Mühle)
2 Bund Schnittlauch
Außerdem:
Klarsichtfolie
dicker Pappkarton

1. Am Vortag den Schweinefuß, die Kalbsknochen, die Schweineschulter und -haxen in einen großen Topf geben, mit kaltem Wasser bedecken und 2 1/2 Stunden bei milder Hitze kochen lassen. Dabei mehrmals abschäumen.

2. Das Suppengrün putzen, Zwiebeln pellen, beides grob würfeln. Nach 1 Stunde mit dem Lorbeer zum Fleisch geben.

3. Eine Terrinenform (1,2 l Inhalt) glatt mit Klarsichtfolie auslegen. Ein Stück Pappkarton so zuschneiden, daß er genau auf die Öffnung der Form paßt und in Alufolie einschlagen.

4. Nach dem Garen des Fleisches 1/4 l vom Kochfond durch ein feines Sieb gießen. Senfkörner und Essig dazugeben, kräftig salzen und pfeffern.

5. Die Schweineschulter und -haxen aus dem Kochfond nehmen und sofort in etwa 2 cm dicken Stücken vom Knochen schneiden. Die Stücke in die Terrinenform schichten und mit dem Kochfond begießen. Den eingewickelten Karton auf die Öffnung legen und mit einem Gegenstand beschweren. Die Sülze über Nacht im Kühlschrank fest werden lassen.

6. Am nächsten Tag die Sülze mit der Klarsichtfolie aus der Form ziehen und auf einem Brett anrichten. Die Folie abnehmen. Den Schnittlauch in feine Röllchen schneiden und auf die Sülze streuen, die Sülze in Scheiben schneiden.

Dazu passen Kartoffelsalat und Laugenbrezeln.

Zubereitungszeit: 1 Stunde
(plus Koch- und Kühlzeit)
Pro Portion (bei 12 Portionen) 36 g E, 18 g F, 20 g KH = 307 kcal (1255 kJ)

LAMM UND WILD

Lammcurry, Hirschrouladen und Frischlingskeule sind richtige Festessen. Denn das edle Fleisch von Reh, Hirsch, Lamm und Wildschwein überzeugt durch sein ausgeprägtes Aroma – leider ist es wegen des kleineren Angebots teurer als Rind oder Schwein. Zerlegen, braten und tranchieren läßt es sich aber genauso einfach.

1

2

1. *Die gehackten Kräuter auf den Lammfilets verteilen, mit Limettensaft beträufeln und mehrere Stunden durchziehen lassen: So wird das Fleisch noch zarter.*

2. *Das Fleisch mit Brotkrumenmischung bestreuen.*

3. *Die Lammfilets mit Kräuterkruste auf dem Blech goldbraun backen.*

Butterzart und knusprig: Lammrückenfilet mit Kräuterkruste, Tomaten-Hollandaise und Wirsingstrudel. Rezept Seite 36

3

ALLES ÜBER LAMM UND WILD

Lammrückenfilet mit Kräuterkruste

Zum Foto auf Seite 34

Für 6–8 Portionen:
2 Lammrückenfilets (ca. 1,2 kg, vom Schlachter ausgelöst und pariert)
1/2 Bund frischer Thymian
1 Bund Basilikum
1/2 Bund glatte Petersilie
5 Salbeiblätter
2 Tl Rosmarinnadeln
2 El Limettensaft
8 Scheiben Weizentoastbrot
Salz
2 Eiweiß
weißer Pfeffer (a. d. Mühle)
50 g Butter oder Margarine

1. Die Lammrückenfilets in eine flache Schale legen. Alle Kräuter fein hacken, die Hälfte davon auf die Filets verteilen und etwas andrücken. Den Limettensaft darüberträufeln. Filets zugedeckt 4–5 Stunden, besser über Nacht, kühl gestellt durchziehen lassen.

2. Das Toastbrot entrinden und im Mixer oder in der Moulinette fein zerkrümeln. Die restlichen gehackten Kräuter und Salz daruntermischen, zugedeckt kühl stellen.

3. Das Eiweiß in einer länglichen Schale mit einer Gabel leicht verschlagen. Die Hälfte der Brotkrumenmischung in der Größe der beiden Filets auf einem Backblech verteilen. Die beiden Filets rundherum durch das Eiweiß ziehen und auf die Brotkrumen legen, leicht pfeffern und salzen.

4. Die restlichen Brotkrumen auf die Filets legen und andrücken. Das restliche Eiweiß darüberträufeln, die restlichen Brotkrumen vom Backblech daraufhäufen, gut andrücken.

5. Die Butter oder Margarine in Flöckchen auf die Filets verteilen. Die Filets im vorgeheizten Backofen bei 225 Grad (Gas 4, Umluft 20–25 Minuten bei 225 Grad, nach 15 Minuten mit Pergament abdecken) auf der 2. Einschubleiste von unten 20–25 Minuten braten. Die Filets schräg in ca. 3 cm dicke Scheiben schneiden.

Dazu passen Tomaten-Hollandaise und Wirsingstrudel.

Zubereitungszeit: 50 Minuten
(plus Zeit zum Durchziehen)
Pro Portion (bei 8 Portionen) 29 g E, 31 g F, 13 g KH = 476 kcal (1991 kJ)

Lammrücken zerlegen

Ein Lammrücken wiegt, je nach Alter des Tieres und Zuschnitt, 2,5 bis 3 kg und reicht für 4 bis 6 Portionen. Wer das kompakte Fleischstück nicht im Ganzen braten möchte, kann es in Filets, in Koteletts oder als Carré (Rückenstück mit Knochen) zerlegen. Das Portionieren gelingt am besten mit einem Ausbeinmesser und einem Küchenbeil.

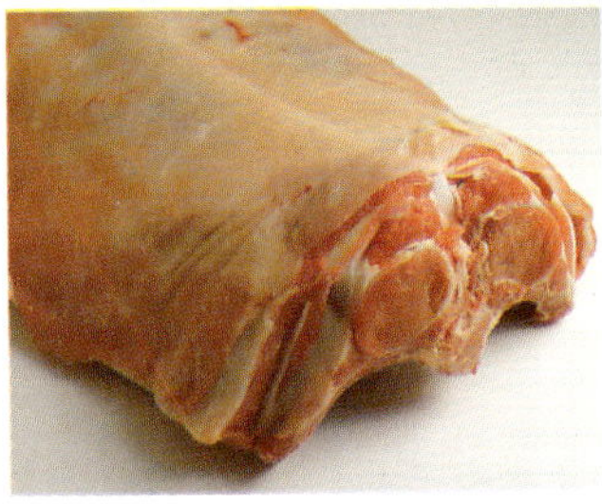

1. *Die äußere Fettschicht des Lammrückens mit einem scharfen Messer, am besten einem Ausbeinmesser, entfernen, denn sie ist tranig und ledern.*

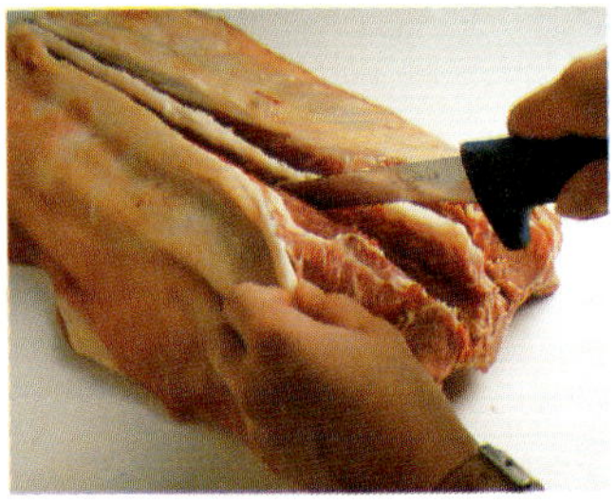

2. *Den Rücken auf beiden Seiten des Rückgrats bis auf die untere Knochenreihe einschneiden. Die echten kleinen Filets unterhalb der Rippenbögen auslösen.*

3. *Mit einem Küchenbeil das Rückgrat von beiden Kotelettsträngen hacken. Tip: Den Knochen in mehrere Stücke hacken und zum Fondkochen verwenden.*

4. *Zum Portionieren der Kotelettstränge die Rippenknochen für Carrés nicht entfernen, für Rückenfilets das Fleisch vorsichtig von den Knochen lösen.*

5. *Das Fleisch muß vor der Zubereitung von Häuten und Sehnen befreit werden. Wer mag, läßt etwas Fett zur Geschmacksverstärkung am Fleisch.*

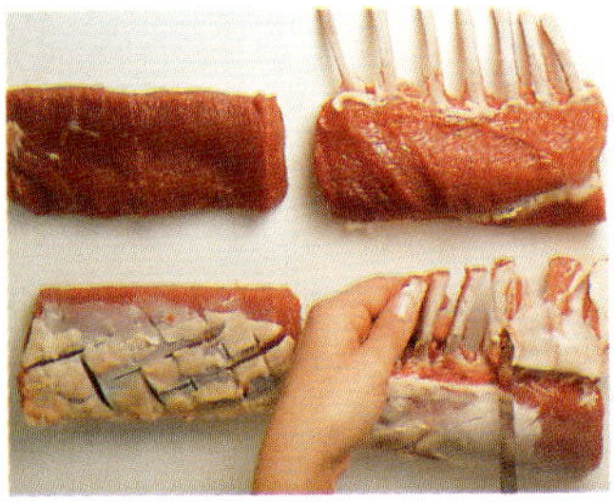

6. *Die Knochen für Carrés mit einem Messer freischaben, so sieht der Braten nach dem Garen edler aus. Haut, die nicht entfernt wird, kreuzweise einritzen.*

Lammkeule vorbereiten

Das Fleisch der Lammkeule ist kräftiger und würziger als das der feinen Lammfilets, weil es muskulöser und von Fettadern durchzogen ist. Besonders zart wird die Keule, wenn sie bei niedriger Temperatur (160 Grad, Gas 1–2, Umluft 150 Grad) lange (3 1/2 Stunden, Umluft 3 Stunden) gebraten wird. Für 6–8 Portionen reicht eine Keule von 2,5 kg.

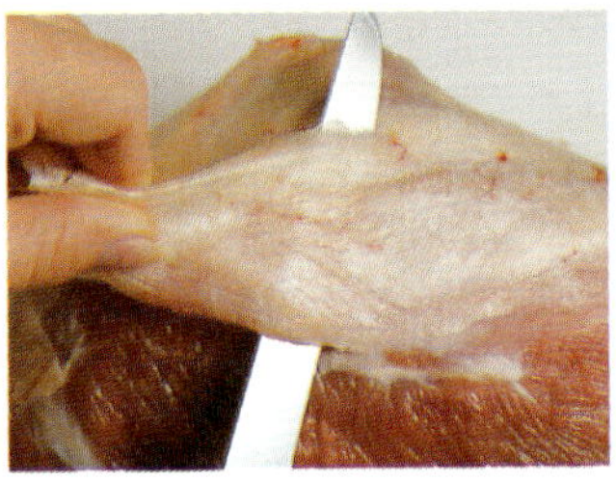

Zum Vorbereiten der Lammkeule die dicken Häute mit einem scharfen Ausbeinmesser vom Fleisch schneiden.

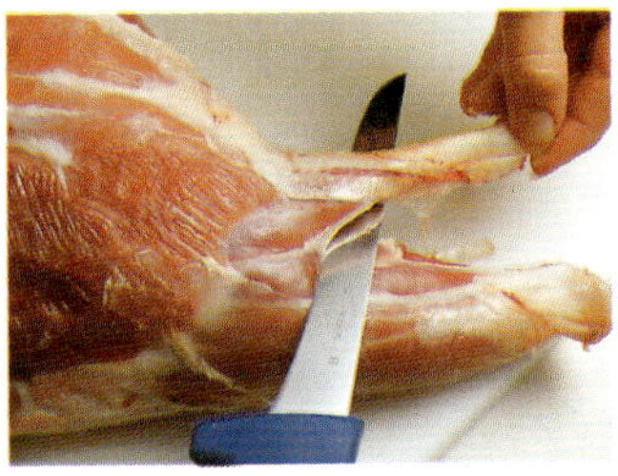

Grobe Sehnen, die das Fleisch überziehen, ebenfalls vorsichtig entfernen, ohne das zarte Fleisch dabei zu verletzen.

Die geputzte Lammkeule, von allen groben Häuten und Sehnen befreit, zum Braten rundherum mit Salz und Pfeffer einreiben.

LAMM

Das Fleisch von Lämmern ist sehr aromatisch, saftig und nicht tranig. Je nachdem, wie die jungen Schafe aufwachsen, ist das Fleisch zarter oder kräftiger. Das hellste und mildeste Fleisch liefern die nur sechs Monate alten Milchlämmer. Stallmastlämmer mit Milch und Zusatzfutter ernährt, liefern zartes und aromatisches Fleisch. Besonders kräftig schmekken die knapp einjährigen Weidemastlämmer, die sich von Gras und Kraftfutter ernähren. Die besten Lämmer, sagt man, kommen von den Salzwiesen der Nordsee und des Atlantiks. Ein großer Teil des angebotenen Lammfleisches stammt aus Neuseeland. Das tiefgefrorene Fleisch ist von guter Qualität, sofern die Kühlkette nicht unterbrochen wurde.

Schnell gebraten: Lammkoteletts

Bei Lammkoteletts gibt es zwei Angebotsformen, ***die einfachen und die doppelten Koteletts****: Bei den doppelten werden die Fleischscheiben quer über den gesamten Rücken geschnitten, bei den einfachen werden sie halbiert. Das feinfaserige Fleisch, ob natur oder mariniert zubereitet, eignet sich besonders zum Braten in der Pfanne – es braucht nur 4–5 Minuten von jeder Seite.*

Rücken von Wild vorbereiten

Ob Hase, Kaninchen, Reh, Hirsch oder Wildschwein, die Rücken des Wildes werden immer nach der gleichen Methode vorbereitet, denn die Fleischstränge unterscheiden sich nur durch ihre Größe. Damit das Putzen und Schneiden des Fleisches flüssig von der Hand geht, ist ein scharfes Ausbeinmesser hilfreich.

Unterhalb der Rippenbögen zuerst die ***echten kleinen Filets*** *am Knochen entlang einschneiden und im Ganzen auslösen. Die zarten Fleischstücke schmecken am besten kurz in der Pfanne gebraten.*

Häute und Sehnen *mit einem Messer vorsichtig vom Fleisch schneiden.*

Wildfleisch wird durch ***Marinieren*** *zarter. Damit das Fleisch möglichst viel Kontakt mit der Marinade hat, schneidet man die Filets an beiden Seiten entlang des Rükkenknochens ein.*

Die Marinade *mit einem Pinsel in die Längsschnitte streichen. Dann den gesamten Rücken einpinseln, in einen Gefrierbeutel geben und mehrere Stunden ziehen lassen.*

Filets auslösen

Besonders wenig Fleisch geht beim Filieren des Rückens verloren, wenn das Fleisch mehr vom Knochen geschabt als geschnitten wird.

Die Filets vorsichtig von Rückenknochen und Rippenbögen schneiden.

Die Filets mit der Hautseite nach unten legen, Sehnen und Häute entfernen.

Mit Speck umwickelt bleiben die Filets während des Garens saftig.

Die Filets für Medaillons in 3 cm dicke Scheiben teilen, etwas flach klopfen.

ALLES ÜBER LAMM UND WILD

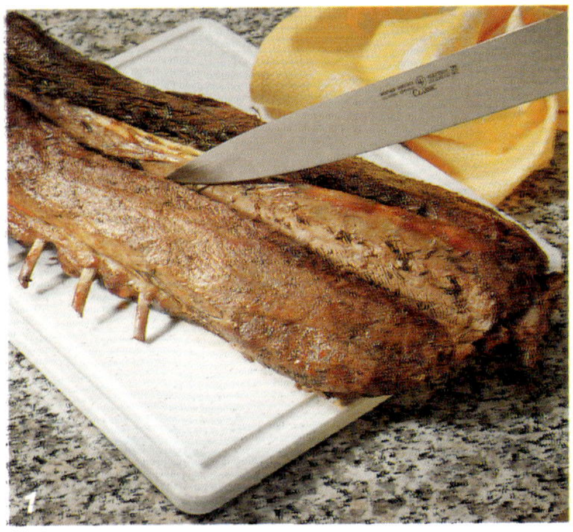

Rücken tranchieren

Bevor der gebratene Rükken zerlegt wird, sollte das Fleisch kurz ***ruhen****, damit sich der Fleischsaft gleichmäßig im Fleisch verteilen kann. Zum Tranchieren die beiden* ***Rückenfilets*** *vorsichtig vom Knochen und von den Rippen lösen. Jedes* ***Filet quer zur Faser*** *schräg in 1 cm dicke Scheiben schneiden.*

HIRSCH UND REH

In Mitteleuropa sind Dam- und Rotwild die beiden hauptsächlich verbreiteten Hirscharten. Rothirschfleisch ist dunkelrot mit kerniger Struktur. Damwild hat rotbraunes, kurzfaseriges Fleisch, ähnlich dem Rehfleisch. Das Fleisch von jungen Hirschen und Rehen ist am feinsten im Geschmack. Frisches Wildfleisch erkennt man an seinem fein-säuerlichen Geruch.

Sauce zubereiten

Für Wildgerichte werden die Saucen meistens mit Mehlbutter angedickt. Die Flüssigkeit für die Sauce stammt von einem speziell gekochten Wildfond (siehe nächste Seite) oder von dem Fond, der automatisch während des Bratens anfällt.

1. *Die während des Bratens entstandenen* ***Röststoffe*** *mit einem Backpinsel* ***lösen****. Den* ***Bratenfond*** *durch ein Sieb in einen Topf gießen.*

2. *Für die* ***Mehlbutter*** *Mehl und Butter verkneten. Den Fond aufkochen, etwas einkochen lassen. Die Mehlbutter Stück für Stück einrühren und kochen lassen.*

Marinieren

Das Fleisch von Reh, Hirsch, Wildschwein und Hase wird zarter und aromatischer, wenn es etwa einen Tag lang in einer kräftigen Marinade eingelegt wird. Klassische Zutaten sind Rotwein, Essig, Öl, Cognac, Suppengrün, Pfeffer, Wacholder und Lorbeer.

HASE UND KANINCHEN

Das beliebte Hasenfleisch ist tiefrotbraun mit kräftig-würzigem Geschmack und mit typischem Wildgeruch. Die meisten Hasen stammen nicht aus heimischen Feldern, sondern werden aus Argentinien tiefgefroren importiert. Obwohl sich Hase und Kaninchen äußerlich ähneln, unterscheidet sich das Fleisch des Haarwilds erheblich: Kaninchenfleisch ist hell, mild und schmeckt leicht nach Geflügel.

Fett aufs Wild

Wildfleisch ist von Natur aus mager. Damit Rücken und Keulen während des Bratens nicht austrocknen, sondern saftig bleiben, begießt man sie vor dem Braten mit sehr ***heißem Öl*** *oder Butterschmalz. Die Poren schließen sich, der Fleischsaft tritt nicht aus. So wird auch das Anbraten des Fleisches ersetzt.*

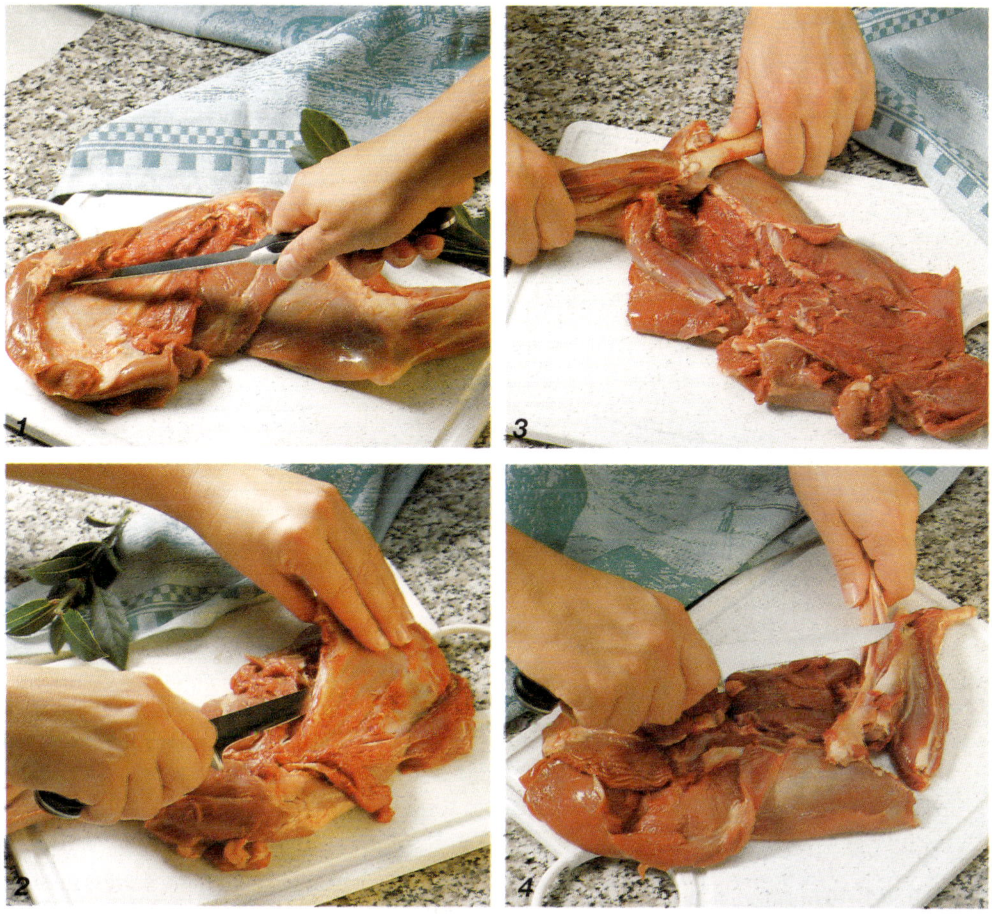

Blatt auslösen

Das Blatt (Schulter) von Reh, Hirsch oder Wildschwein wird meistens im Ganzen gebraten oder für Ragouts verwendet. Das Fleisch läßt sich besser portionieren, wenn man die Knochen aus dem muskulösen und edlen Fleisch entfernt:

***1. Das Blatt** mit der Oberseite nach unten auf ein Brett legen. Mit einem scharfen Ausbeinmesser den **flachen Schulterknochen** freilegen.*

***2.** Das Fleisch an der **Unterseite des Schulterknochens** abtrennen. Den Schulterknochen durch **kräftiges Drehen** im Gelenk entfernen.*

***3.** Das Fleisch vom **Knochen des Oberarmbeins** lösen. Den Knochen aus dem Gelenk drehen.*

***4.** Vom **Knochen des Unterarmbeins** das Fleisch lösen, Knochen entfernen.*

Fond zubereiten

Für eine feine Suppe oder kräftige Sauce ist der Fond die ideale Basis. Er wird zubereitet aus frischen Knochen, Sehnen und Häuten, die beim Putzen des Fleisches anfallen, Suppengrün, Zwiebeln, Kräutern und Gewürzen. Damit der Fond klar bleibt, kocht man ihn bei milder Hitze. Sollte er jedoch trübe geworden sein, läßt er sich klären: 2–3 Eiweiß leicht anschlagen und in den kalten Fond rühren. Den Fond ganz langsam erhitzen, nicht kochen lassen. Das Eiweiß flockt aus und bindet alle Trübstoffe. Eiweiß entfernen.

***1.** Sehnen, Häute und Knochen in einem Bräter oder Topf in etwas Öl dunkelbraun rösten.*

***2.** Geputztes Suppengrün, gewürfelte Zwiebeln, Kräuter und Gewürze kurz mit den Knochen andünsten, mit Wasser ablöschen. Fond 1 1/2–2 Stunden bei milder Hitze kochen.*

***3.** Der Fond wird klarer, wenn er durch ein mit einem Mulltuch ausgelegtes Sieb geschöpft wird.*

***4.** Noch klarer wird der Fond durch zusätzliches Klären mit Eiweiß.*

WILDSCHWEIN

Das zum Schwarzwild zählende Wildschwein ist der Vorfahre des Hausschweins. Sein Fleisch ist magerer, aromatischer und dunkler. Wildschweine müssen laut Gesetz auf Trichinen untersucht werden. Fehlt der Stempel auf dem Fleisch, sollten Sie es nicht kaufen.

DURCHGAREN

Rehrücken, Hasenfilet und Hirschkeule müssen immer durchgebraten oder durchgekocht serviert werden. Erst bei einer Kerntemperatur von 80 Grad, die 10 Minuten gehalten wird, werden eventuell vorhandene krankheitserregende Keime abgetötet.

LAMM UND WILD

Hirschrouladen à la Brillat-Savarin

Für 6 Portionen:
400 g große weiße Champignons
30 g durchwachsener Speck
50 g frische schwarze Trüffel (ersatzweise a. d. Dose/Glas)
80 g Butter
Salz
weißer Pfeffer (a. d. Mühle)
2 El glatte Petersilie (gehackt)
200 g Schweinehack
6 Scheiben Hirschfleisch (a. d. Oberschale, à ca. 175 g)
125 g Zwiebeln
125 g Sellerie
100 g Möhren
8 Wacholderbeeren
30 g Tomatenmark
250 ml roter Portwein
125 ml Madeira
600 ml Wildfond (a. d. Glas)
1 kleiner Zweig Rosmarin
1 El Speisestärke
125 g geschälte Maronen (vakuumverpackt)
Außerdem:
Holzstäbchen

1. 250 g Champignons putzen und fein würfeln. Speck fein würfeln. Trüffel in dünne Scheiben hobeln. Den Speck in 30 g Butter goldbraun rösten. Die Champignons und die Trüffel darin kurz andünsten. Salzen, pfeffern und die Petersilie untermischen. In einem Sieb abtropfen lassen und die Flüssigkeit auffangen. Die Pilzmischung nach dem Abkühlen mit dem Schweinehack mischen, nachwürzen.

2. 1 Fleischscheibe mit einem Gefrierbeutel belegen, mit einem Plattierer auf 1/2 cm Dikke gleichmäßig flachklopfen.

3. Die Fleischscheibe mit 1/6 der Füllung glatt bestreichen und dabei rundherum einen Rand von 1 1/2 cm frei lassen. Die Längsseiten über der Füllung zusammenklappen und das Ganze zu einer festen Roulade aufrollen, dabei darauf achten, daß die Seiten geschlossen bleiben. Mit einem Holzstäbchen fest zusammenstecken. Die restlichen Fleischscheiben ebenso füllen und aufrollen.

4. Zwiebeln, Sellerie, Möhren und restliche Champignons putzen, klein würfeln. Wacholderbeeren leicht andrücken.

5. Die Rouladen salzen und pfeffern und in der restlichen Butter bei mittlerer Hitze in einem breiten Topf rundherum gleichmäßig anbraten. Die Rouladen aus dem Topf nehmen und das gewürfelte Gemüse darin leicht anrösten.

6. Tomatenmark unterrühren, mit Portwein und Madeira auffüllen und 10 Minuten einkochen lassen. Rouladen wieder dazugeben. Wildfond, Pilzflüssigkeit, Rosmarin und Wacholder dazugeben.

7. Die Rouladen zugedeckt ca. 2 Stunden bei milder Hitze schmoren. Dabei ab und zu wenden.

8. Rouladen aus der Sauce nehmen. Die Sauce durch ein feines Sieb in einen zweiten Topf gießen. Stärke mit 3 El kaltem Wasser glattrühren und in die Sauce rühren. Rouladen und Maronen dazugeben und 10 Minuten leise kochen lassen. Die Rouladen mit der Sauce und den Maronen auf Tellern anrichten.

Dazu paßt Kartoffel-Sellerie-Püree.

Zubereitungszeit: 4 1/2 Stunden
Pro Portion 39 g E, 27 g F, 20 g KH = 495 kcal (2073 kJ)

Lammkeule mit Schmorgemüse

Für 6–8 Portionen:
1 Lammkeule (ca. 2,5 kg)
Salz
schwarzer Pfeffer (a. d. Mühle)
3 El Öl
3 kleine Zweige Rosmarin
4 Zweige Thymian
1/4 l Rotwein
600 ml Lammfond (a. d. Glas, 1,2 l bei Umluft)
400 g Schalotten
400 g Möhren
250 g Staudensellerie
15 g Mehl
55 g Butter
1/2 Bund Salbei

1. Backofen auf 160 Grad vorheizen (Gas 1–2, Umluft 150 Grad). Von der Lammkeule die Häute und Sehnen abschneiden. Die Keule mit Salz und Pfeffer einreiben.

2. Das Öl in einem großen Bräter erhitzen, die Lammkeule darin anbraten. Rosmarin und Thymian dazugeben und mit Rotwein ablöschen, 200 ml Lammfond (400 ml bei Umluft) dazugießen und die Flüssigkeit einmal aufkochen lassen.

3. Die Lammkeule im Backofen auf der 2. Einschubleiste von unten 3 1/2 Stunden (Umluft 3 Stunden) braten. Dabei immer wieder mit dem Bratenfond begießen.

4. Schalotten pellen, Möhren schälen, Staudensellerie putzen und waschen. Möhren und Staudensellerie in gleichmäßige Stifte schneiden. Mehl mit 15 g Butter verkneten und kalt stellen.

5. Nach 2 Stunden 400 ml Lammfond (800 ml bei Umluft) in den Bräter gießen.

6. 45 Minuten vor Ende der Garzeit die Keule mit der restlichen Butter bestreichen. Möhren, Sellerie und Schalotten in den Bräter geben.

7. Salbei von den Stielen zupfen und grob hacken. Keule aus dem Bräter nehmen. Die Sauce auf dem Herd aufkochen, die Mehlbutter in Flöckchen einrühren, gut durchkochen lassen, den Salbei dazugeben. Die Sauce mit Salz und Pfeffer würzen. Keule aufschneiden und mit der Sauce servieren.

Dazu paßt Baguette.

Zubereitungszeit: 4 Stunden
Pro Portion (bei 8 Portionen) 53 g E, 21 g F, 7 g KH = 437 kcal (1832 kJ)

LAMM UND WILD

Rehrücken mit Hagebuttensauce

Für 6 Portionen:
1 El Wacholderbeeren
1 Tl schwarze Pfefferkörner
4 El Öl
Salz
1 Rehrücken (ca. 1,4 kg)
150 g durchwachsener Speck (dünn geschnitten)
4 Zwiebeln
2 Möhren
400 ml Wildfond (a. d. Glas)
2 El dunkler Saucenbinder
2 El Hagebuttengelee

1. Wacholder und Pfeffer zerstoßen, mit 2 El Öl und 1/2 Tl Salz verrühren und auf das Fleisch streichen. Den Rehrücken mit Speck belegen. Den Backofen auf 250 Grad (Gas 5, Umluft 230 Grad) vorheizen. Zwiebeln pellen und Möhren putzen, beides grob würfeln.

2. Das Gemüse im restlichen Öl in der Saftpfanne auf der 2. Einschubleiste von unten 10 Minuten rösten. Den Rehrücken in die Mitte setzen, den Fond (bei Umluft mit 1/4 l Wasser mischen) dazugießen, 15 Minuten braten.

3. Das Fleisch im ausgeschalteten Ofen 20 Minuten ziehen lassen. Danach auf einer Platte im Ofen warm halten.

4. Die Röststoffe vom Backblech mit 1/4 l heißem Wasser lösen, durch ein Sieb gießen und mit dem Saucenbinder aufkochen.

5. Das Hagebuttengelee in der Sauce aufkochen lassen. Die Filets mit einem Messer von den Knochen schneiden, dann das Fleisch in Scheiben schneiden und mit der Hagebuttensauce servieren.

Dazu passen Rosenkohl und Kartoffelplätzchen.

Zubereitungszeit: 1 Stunde, 10 Minuten
Pro Portion 39 g E, 18 g F, 9 g KH = 381 kcal (1594 kJ)

Lammragout mit Kardamom und Koriander

Für 6 Portionen:
1,5 kg schiere Lammkeule oder -schulter
300 g Sahnejoghurt
500 g Tomaten
35 g grüne Kardamomkapseln (a. d. Asienladen)

2 Tl Pfefferkörner
2 Tl Korianderkörner
6 El Öl
1 Tl Kurkuma
(Gelbwurz, gemahlen)
1/2–1 Tl Chilipulver
Salz

1. Das Lammfleisch wie für Gulasch in Würfel schneiden. Den Joghurt in einer Schüssel mit einem Schneebesen glattrühren.

2. Die Tomaten kreuzweise einritzen, kurz in kochendes Wasser geben, abschrecken und häuten. Die Tomaten vierteln, die Kerne und die Flüssigkeit entfernen, das Fruchtfleisch würfeln.

3. Die Kardamomkapseln und Pfefferkörner im Mixer zerkleinern und mit 1 El Wasser zu einer Paste verrühren. Korianderkörner im Mörser zerstoßen oder im Mixer zerkleinern.

4. Das Öl in einem Schmortopf erhitzen. Die Kardamompaste 2–3 Minuten darin anrösten. Dann das Fleisch, Kurkuma, Chili und Koriander dazugeben und 8–10 Minuten bei mittlerer Hitze unter Wenden anbraten.

5. Joghurt, Tomatenwürfel und Salz dazugeben und weitere 6–8 Minuten erhitzen. 1/4 l Wasser unterrühren, das Fleisch 45–50 Minuten bei mittlerer Hitze geschlossen und weitere 10–15 Minuten offen schmoren.

Dazu passen Basmati-Reis, Möhren und Blumenkohl.

Zubereitungszeit: 1 3/4 Stunden
Pro Portion 48 g E, 48 g F, 4 g KH = 685 kcal (2868 kJ)

Hasenkeulen

Für 4 Portionen:
15 g Mehl
75 g Butter
300 g Zwiebeln
3–4 Knoblauchzehen
4 Hasenkeulen (à 350 g)
Salz
Pfeffer (a. d. Mühle)
6 El Öl
70 ml Sherry
600 ml Waldpilzfond
(a. d. Glas,
850 ml bei Umluft)
1/2 Bund Thymian
1–2 rote Chilischoten
250 g Shiitake-Pilze
250 g braune Champignons

1. Mehl und 15 g Butter verkneten, einfrieren. Zwiebeln und Knoblauch pellen, Zwiebeln grob würfeln, Knoblauch durchpressen.

2. Die Hasenkeulen kalt abspülen, trockentupfen. Sehnen im Gelenk durchschneiden. Die Keulen salzen und pfeffern.

3. 40 g Butter und 4 El Öl erhitzen. Die Keulen von beiden Seiten scharf darin anbraten und herausnehmen. Zwiebeln und Knoblauch im Bratfett andünsten, mit Sherry ablöschen, dicklich einkochen lassen und in einen großen Bräter geben.

4. Die Keulen daraufsetzen, 200 ml Fond dazugießen, Thymian und Chilischoten dazugeben.

5. Die Hasenkeulen zugedeckt im vorgeheizten Backofen bei 200 Grad (Gas 3, Umluft 1 1/2 Stunden bei 180 Grad, 250 ml Flüssigkeit mehr dazugießen) auf der 2. Einschubleiste von unten 1 1/2 Stunden schmoren. Restlichen Fond nach und nach dazugießen.

6. Die Pilze putzen und in der restlichen Butter und im restlichen Öl andünsten. Keulen, Chilischoten und Thymian aus dem Bräter nehmen.

7. Die Sauce mit dem Schneidstab pürieren, durch ein feines Sieb in einen anderen Topf gießen.

8. Die Mehlbutter hacken, in die kochende Sauce rühren und offen 5 Minuten einkochen lassen, die Pilze dazugeben und mit den Hasenkeulen servieren.

Dazu passen Möhren und Röstkartoffeln mit Speck.

Zubereitungszeit: 2 Stunden
Pro Portion 63 g E, 39 g F, 8 g KH = 653 kcal (2733 kJ)

Kaninchen in Apfelsauce

Für 6 Portionen:
2 El Rosinen
3 El Calvados
200 g Zwiebeln
2 Kaninchen (küchenfertig zerteilt, ca. 1,5 kg)
Salz
Pfeffer (a. d. Mühle)
40 g Butterschmalz
1/2 El Tomatenmark
100 ml Weißwein
300 ml Geflügelfond (a. d. Glas)
3 Äpfel (à 180 g)
1 Bund glatte Petersilie
100 ml Schlagsahne
1 El dunkler Saucenbinder

1. Die Rosinen im Calvados einweichen. Die Zwiebeln pellen und grob würfeln.

2. Das Fleisch salzen und pfeffern. Die Fleischteile im Butterschmalz bei mittlerer Hitze von beiden Seiten goldbraun anbraten und aus der Pfanne nehmen.

3. Die Zwiebeln im Bratfett goldbraun braten. Das Tomatenmark unterrühren und 1 Minute anschwitzen. Den Calvados mit Rosinen und Wein dazugießen. Die Flüssigkeit ganz einkochen lassen. Den Fond dazugießen, mit Salz und Pfeffer würzen.

4. Die Kaninchenteile in den Saucenfond geben und bei schwacher Hitze 25–30 Minuten ohne Deckel schmoren, dabei ab und zu wenden.

5. Die Äpfel schälen und in dicken Scheiben von den Kerngehäusen schneiden. Die Apfelscheiben grob würfeln und nach 10 Minuten untermischen.

6. Inzwischen die Petersilie hacken. Die Sahne zur Sauce gießen und mit Saucenbinder aufkochen. Noch einmal kräftig mit Pfeffer würzen und mit Petersilie bestreuen.

Dazu paßt Kartoffelgratin.

Zubereitungszeit: 1 1/2 Stunden
Pro Portion 42 g E, 16 g F, 18 g KH = 408 kcal (1705 kJ)

LAMM UND WILD

Gefüllte Lammschulter mit Aprikosengemüse

Für 6–8 Portionen:
200 g Trockenaprikosen
300 g Zwiebeln
2 Knoblauchzehen
100 g Staudensellerie (mit Grün)
5 El Öl
1 El Minzeblätter
1 Zitrone (unbehandelt)
2 Lammschultern (à ca. 1 kg, vom Schlachter entbeint, Knochen grob hakken und mitgeben lassen)
Salz
1/4 Tl Kreuzkümmel (gemahlen)
1/2 Tl Chili (getrocknet, zerrieben)
4 Lorbeerblätter
300 g Möhren
300 g Carli (hellgrüne türkische Paprikaschoten)
Außerdem:
Küchengarn und Holzstäbchen

1. Am Vortag die Aprikosen in 1/2 l kaltem Wasser einweichen. Am nächsten Tag die Hälfte der Aprikosen abtropfen lassen (Saft auffangen) und würfeln.

2. 2 Zwiebeln und Knoblauch pellen, Staudensellerie schälen. Alles sehr fein würfeln und in 3 El Öl unter Rühren 5 Minuten glasig dünsten. Selleriegrün und Minze fein hacken. Die Zitronenschale abreiben.

3. Die Lammschultern von Haut und Fett befreien. Die Fleischstücke auf der Innenseite und an den Kanten glattschneiden. Fleischabschnitte durch die mittlere Scheibe des Fleischwolfs drehen.

4. Das Lammhack mit gewürfelten Aprikosen, Gemüsewürfeln, Kräutern und Zitronenschale verkneten. Mit Salz, Kreuzkümmel und Chili würzen.

5. Die Lammschultern rundherum salzen. Die Füllung auf die Innenseite einer Lammschulter geben, die andere Lammschulter mit der Innenseite darauf legen. Alles mit Küchengarn verschnüren und die Enden mit Holzstäbchen und Küchengarn verschließen.

6. Die Zitrone auspressen. Die restlichen Zwiebeln pellen und vierteln. Das Fleisch auf die Saftpfanne setzen und mit dem restlichen Öl und dem Zitronensaft bepinseln.

7. Zwiebeln, Lammknochen und Lorbeerblätter auf der Saftpfanne verteilen. Die Hälfte des Aprikosensuds mit 1/8 l Wasser (Umluft 1/4 l) mischen und dazugießen.

8. Das Fleisch im vorgeheizten Backofen bei 200 Grad (Gas 3, Umluft 180 Grad) auf der 2. Einschubleiste von unten insgesamt 1 1/2 Stunden braten.

9. Inzwischen die Möhren schälen und in dicke Scheiben schneiden. Die Paprikaschoten dritteln, Stielansätze und Kerne entfernen. Nach 1 Stunde die Möhren auf die Saftpfanne geben, den restlichen Aprikosensud und etwa 1/8 l Wasser (Umluft 1/4 l) dazugießen.

10. 10 Minuten vor Ende der Garzeit die Knochen entfernen, die Paprikaschoten und die restlichen Aprikosen auf die Saftpfanne geben, im Bratensaft wenden, leicht salzen.

11. Das Fleisch 10 Minuten im ausgeschalteten Ofen ruhen lassen. Garn und Spieße entfernen, den Braten aufschneiden, mit Gemüse und Bratensaft servieren.

Dazu paßt gebratener Reis mit Sesam, Schwarzkümmel und Petersilie oder Koriandergrün.

Zubereitungszeit: 2 1/2 Stunden
(plus Einweichzeit für die Aprikosen)
Pro Portion (bei 8 Portionen) 40 g E, 34 g F, 20 g KH = 575 kcal (2409 kJ)

Gebeizte Frischlingskeule

Für 6–8 Portionen:
2 kg Frischlingskeule
2 Zweige Rosmarin
4 frische Lorbeerblätter
100 g Möhren
100 g Schalotten
30 g frische Ingwerwurzel
4 Pimentkörner
3/8 l kräftiger Rotwein
6 El Balsamessig (Aceto balsamico)
50 g Butterschmalz
Salz
weißer Pfeffer (a. d. Mühle)
400 ml Waldpilzfond (a. d. Glas)
20 g Mehl, 80 g Butter

1. Das Fleisch auf der runden Seite mit einem kleinen Messer 12–15mal einstechen und mit Rosmarin spicken (dabei eventuell mit dem Messer etwas nachdrücken).

2. Die Lorbeerblätter zerteilen. Möhren schälen und grob zerkleinern. Schalotten und Ingwer mit Schale in Scheiben schneiden. Piment grob zerdrücken. Rotwein und Balsamessig mischen. Fleisch mit Gemüse, Gewürzen und Wein-Essig-Mischung in einen großen Gefrierbeutel geben, verschließen und 8–10 Stunden beizen.

3. Die Keule herausnehmen und trockentupfen. Beize durch ein Sieb gießen und auffangen. Butterschmalz in einem Bräter auf dem Herd erhitzen und die Gemüse-Kräuter-Mischung aus der Beize unter Wenden kräftig anbraten. Mit der Schaumkelle herausnehmen und zur Seite stellen.

4. Die Keule von allen Seiten kräftig anbraten, salzen und pfeffern. Die Gemüse-Kräuter-Mischung und die Hälfte der Beize zum Fleisch geben.

5. Die Keule im vorgeheizten Backofen bei 200 Grad (Gas 3, Umluft nicht empfehlenswert) 30 Minuten zugedeckt schmoren. Die restliche Beize angießen und weitere 30–40 Minuten bei 225 Grad (Gas 4) offen garen. Zwischendurch mit dem Bratenfond beschöpfen.

6. Die Keule in Alufolie wickeln und im ausgeschalteten Backofen warm halten. Pilzfond in den Bräter gießen, kräftig durchkochen lassen, damit sich die Röststoffe lösen, durch ein feines Sieb in einen Topf gießen.

7. Die Gemüse - Kräuter - Mischung in dem Sieb gut ausdrücken. Mehl und Butter verkneten. Den Fond aufkochen und mit der Mehlbutter binden. Mit Salz würzen.

Dazu passen Pfifferlinge und Knödel.

Zubereitungszeit: 2 1/2 Stunden
(plus Zeit zum Beizen)
Pro Portion (bei 6 Portionen) 70 g E, 31 g F, 5 g KH = 612 kcal (2563 kJ)

GEFLÜGEL

Hähnchen, Stubenküken, Ente, Gans und Wachtel lassen sich vielseitiger zubereiten als jedes andere Fleisch. Ob mit seinem mild-zarten oder herzhaft-würzigen Aroma, Geflügel schmeckt gedünstet oder kroß gebraten, pikant oder exotisch gewürzt. Und wie einfach sich Geflügel dressieren, zerlegen oder tranchieren läßt, sehen Sie hier!

***1.** Die Stübenküken schmecken sanft nach Salbei, wenn man die Salbeiblätter unter die Geflügelhaut schiebt.*

***2.** Die Stubenküken braten zusammen mit den Zucchini auf der Saftpfanne im Ofen.*

***3.** Das frische Zitronenaroma für die Sauce liefert der feine Zwiebel-Salbei-Sud.*

Mit dem leichten Aroma des Sommers: Stubenküken in Zitronensauce, Zucchini und Kartoffelstäbchen. Rezepte Seite 50

ALLES ÜBER GEFLÜGEL

Stubenküken mit Zitronensauce

Zum Foto auf Seite 48

Für 4 Portionen:
35 g Butter oder Margarine
1 Tl Mehl
4 Stubenküken (à 300–350 g)
1–2 Stiele Salbei
(ca. 20 Blätter)
abgeriebene Schale von
2 unbehandelten Zitronen
2–3 El Zitronensaft
Salz
Pfeffer (a. d. Mühle)
100 g Zwiebeln
1 Knoblauchzehe
je 2 grüne und gelbe Zucchini
(ca. 800 g)
4 Scheiben Bacon
(Frühstücksspeck, 60 g)
500 ml Geflügelfond
(a. d. Glas)
1 El Crème fraîche

1. 5 g Butter oder Margarine und das Mehl verkneten, kalt stellen. Stubenküken unter kaltem Wasser waschen und trockentupfen. Salbeiblätter von den Stielen zupfen. 12 große Blätter zur Seite legen, restliche fein hacken.

2. Vorsichtig zwei Finger auf der Brustseite des Geflügels unter die Haut schieben, die Haut vom Brustfleisch lösen. Jeweils 2 Salbeiblätter unter die Haut schieben.

3. Die Stubenküken mit der Brust nach oben nebeneinander auf die Saftpfanne legen. Die restliche Butter oder Margarine schmelzen, Zitronenschale und -saft unterrühren und die Stubenküken rundherum damit bestreichen. Mit Salz und Pfeffer kräftig würzen. 1 Stunde marinieren lassen.

4. Zwiebeln und Knoblauch pellen und in feine Würfel schneiden. Zucchini putzen und mit dem Sparschäler der Länge nach jeweils drei Streifen Schale abschälen. Zucchini einmal schräg durchschneiden und kräftig mit Salz einreiben. Zwiebel- und Knoblauchwürfel auf den gehackten Salbei zu den Stubenküken auf die Saftpfanne geben.

5. Jedes Stubenküken mit 1 Scheibe Bacon belegen und 1 Salbeiblatt unter den Bacon schieben.

6. Die Stubenküken im vorgeheizten Backofen bei 225 Grad (Gas 4, Umluft 200 Grad) auf der 2. Einschubleiste von unten 20 Minuten braten. Dann die Zucchini dazulegen, den Geflügelfond dazugießen und alles bei 250 Grad (Gas 5, Umluft 200 Grad) weitere 30 Minuten braten.

7. Stubenküken und Zucchini von der Saftpfanne nehmen, im ausgeschalteten Backofen warm halten.

8. Den Fond in einen Topf gießen. Die Crème fraîche und flöckchenweise die Mehlbutter mit dem Schneidstab des Handrührers unterrühren. Die Sauce bei starker Hitze 2 Minuten kochen lassen, evtl. mit Salz und Pfeffer würzen.

Dazu passen fritierte Kartoffelstäbchen.

Zubereitungszeit: 2 1/2 Stunden
Pro Portion 52 g E, 34 g F, 8 g KH = 573 kcal (2400 kJ)

Tip: Das Gericht können Sie auch mit 2 kleinen Poularden (à 600 g) zubereiten. Die Garzeit bleibt die gleiche, wenn Sie die Poularden halbieren.

Kartoffelstäbchen

Zum Foto auf Seite 48

Für 4 Portionen:
400 g Kartoffeln
(festkochend)
Salz
1/4 l Öl

1. Die Kartoffeln schälen und in etwa 5 cm lange dünne Streifen schneiden. In kochendem Salzwasser 2 Minuten blanchieren, in Eiswasser tauchen, gut abtropfen lassen und mit Küchenpapier gut trockentupfen.

2. Das Öl in einer Pfanne mit Thermostat auf 180 Grad erhitzen. Die Kartoffeln ins heiße Öl geben und in 10–12 Minuten goldbraun fritieren. Mit einer Schaumkelle herausnehmen und auf Küchenpapier abtropfen lassen. Mit Salz würzen und zu den Stubenküken servieren.

Zubereitungszeit: 1/2 Stunde
Pro Portion 2 g E, 8 g F, 12 g KH = 126 kcal (526 kJ)

Geflügel vorbereiten

Obwohl Hähnchen, Gänse, Wachteln und Enten meistens küchenfertig vorbereitet in den Handel kommen, muß Geflügel vor dem Braten oder Kochen geputzt werden. Denn nicht immer wird jedes Tier gründlich genug ausgenommen; auf jeden Fall sollten Nieren und Lungen komplett entfernt werden. Frisches und tiefgefrorenes Geflügel ist fast immer mit Keimen belastet: Deshalb Geflügel immer unter Wasser abspülen.

1

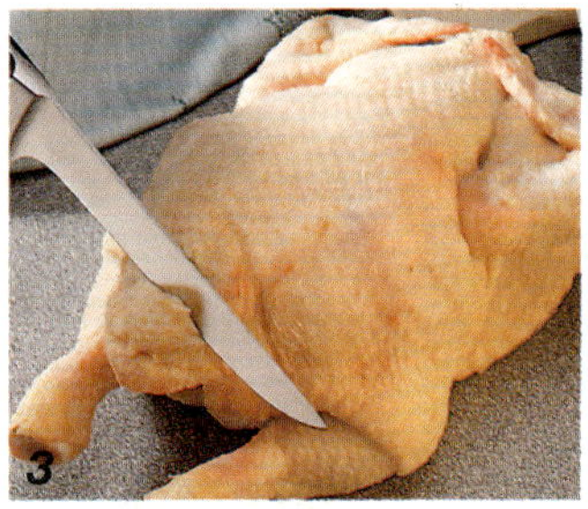
3

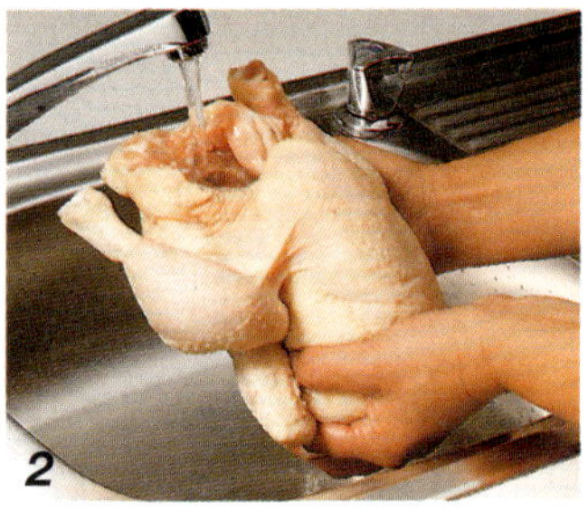
2

4

1. *Vor der Zubereitung des Geflügels müssen noch alle vorhandenen Innereien und überschüssiges Fett entfernt werden.*

2. *Das Geflügel unter fließend kaltem Wasser reinigen, um restliches Fett, Gewebe und Blut auszuwaschen.*

3. *Der Bürzel, die Fettdrüse des Geflügels, wird vorsichtshalber keilförmig herausgeschnitten. Mit seinem tranigen Aroma kann er den Geschmack des Fleisches beeinflussen.*

4. *Zum Putzen von Geflügelleber werden die Sehnen mit einem Messer entfernt.*

GEFLÜGELHYGIENE

Das zarte Fleisch von Hähnchen, Ente, Fasan und Pute ist sehr empfindlich. Deshalb sollten Sie beim Umgang mit Geflügel folgendes berücksichtigen:

- Achten Sie beim Kauf von frischem Geflügel auf das Verbrauchsdatum, bei tiefgefrorenem auf das Mindesthaltbarkeitsdatum.
- Tiefgefrorenes Geflügel mit Quetschungen oder Gefrierbrand sollten Sie nicht kaufen.
- Frieren Sie bereits aufgetautes Geflügel nicht wieder roh ein, sondern immer nur gegart.
- Geflügel ist fast immer mit Salmonellen belastet. Unbedenklich ist die Zubereitung, wenn tiefgefrorenes Geflügel ohne Verpackung auf einem Sieb langsam auftaut, die Auftauflüssigkeit nicht mitverwendet und das Geflügel immer durchgegart wird.

Geflügel dressieren

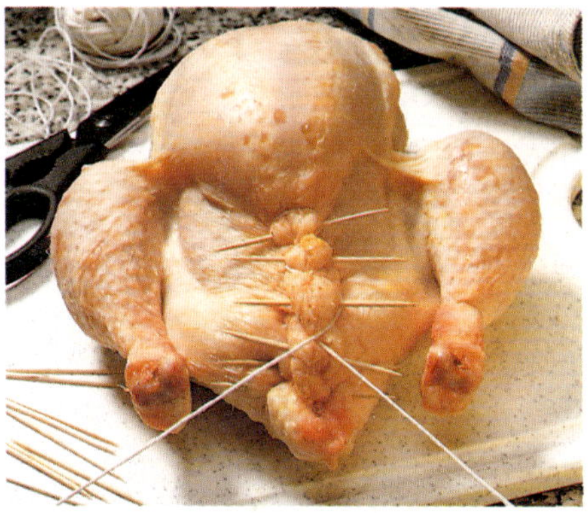

Geflügel wird häufig gefüllt. Die Füllung quillt während des Bratens nicht heraus, wenn die Öffnung quer mit Holzstäbchen zugesteckt und dann mit Küchengarn verknotet wird – wie ein Schnürschuh.

Damit das Huhn auch nach dem Braten noch schön in Form ist, umwickelt man es – am Kopfende beginnend – mit Küchengarn und verknotet es fest mit den Keulen.

ENTE

In den Handel kommen überwiegend die Pekingente und die Flugente, auch Barberie-Ente genannt. Die Flugente ist im Fleisch dunkler, würziger und fettärmer als die Pekingente. Eine Ente reicht für vier Portionen, gefüllt für sechs.

GANS

Am besten schmecken Gänse mit einem Gewicht von etwa 5 kg. Dann sind sie weder zu mager noch zu fett. Heimische Gänse kommen meistens frisch auf den Markt, ausländische überwiegend tiefgefroren. Gänsefleisch ist das fettreichste Geflügelfleisch, aber auch das würzigste.

Macht Geflügel noch zarter: Marinade

Das ohnehin schon zarte Fleisch von Hähnchen, Perlhuhn und Pute wird noch mürber und gewinnt an Geschmack, wenn es mariniert wird. Je nachdem, ob man dem Fleisch eine ***kräftige, milde oder exotische Würze*** *verleihen möchte, werden Flüssigkeiten wie Essig, Öl, Weißwein und Zitrone mit Kräutern und Gewürzen variiert.*

Klassische Zutaten *für Marinaden sind Essig, Weißwein, Öl, Joghurt, Zitrone, Salbei, Thymian, Lorbeer, Rosmarin, Knoblauch, Honig, Senf, Ketchup, Chilischoten und Pfeffer. Entweder wird die Marinade direkt auf das Fleisch gestrichen oder das Fleisch in der Marinade im Gefrierbeutel einen Tag lang mariniert.*

Geflügel roh zerlegen

Hähnchen und Ente werden häufig in Stücke zerlegt zubereitet, speziell zum Schmoren. So sind Keulen und Brustfilets schneller gar.

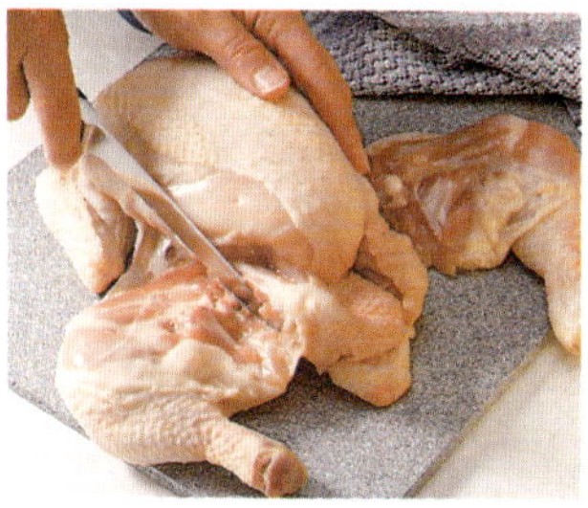

Die Keulen vom Körper schneiden und im Gelenk durchtrennen.

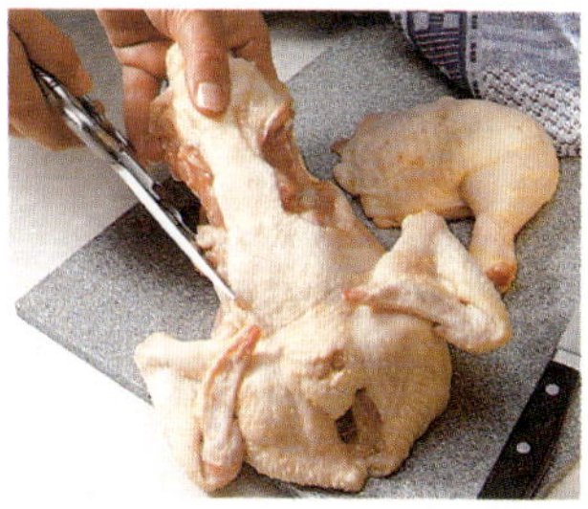

Den Rücken entlang der Knochen mit einer Geflügelschere abschneiden.

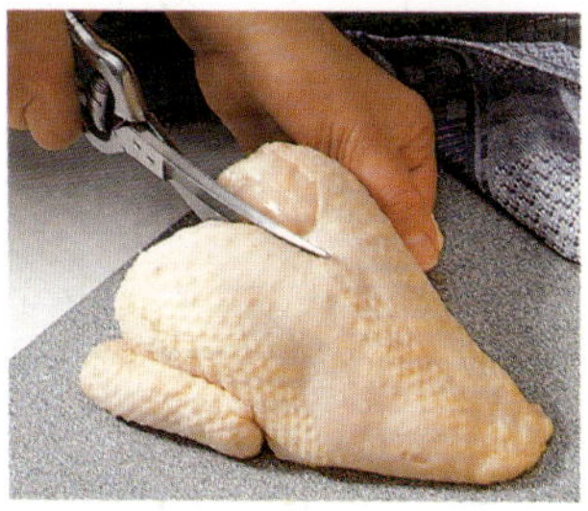

Das fleischige Bruststück entlang des Brustbeins in zwei Hälften teilen.

Für kleine Stücke: Brusthälften halbieren, Keulen im Gelenk durchtrennen.

ALLES ÜBER GEFLÜGEL

Geflügelkeulen entbeinen

Die Keulen von Hähnchen, Enten und Gänsen sind auch gefüllt ein Genuß. Zum ***Auslösen der Ober- und Unterschenkelknochen*** *zuerst das Fleisch entlang der Knochen mit einem Ausbeinmesser einschneiden. Dann die Knochen freischaben und das Fleisch auseinanderklappen, die Knochen entfernen. Die* ***Füllung*** *gleichmäßig auf dem Fleisch verteilen. Das Keulenfleisch übereinanderklappen, mit Holzstäbchen verschließen und mit der Nahtseite nach unten anbraten.*

Das geht unter die Haut

Besonders raffiniert läßt sich Hähnchen würzen, indem man Salbei, Basilikum, andere Kräuter oder Würzpasten wie Chilisauce ***direkt auf das Brustfleisch unter die Haut*** *legt oder pinselt. Da die Haut an nur wenigen Stellen fest am Hähnchenfleisch sitzt, läßt sie sich auf der Brustseite mit den Fingern einfach lösen und wieder zurückschieben. Die Haut dabei nicht einreißen oder einschneiden. Das Huhn dann wie im Rezept beschrieben knusprig braten.*

PUTE

Kein Geflügel läßt sich so vielseitig zubereiten wie Putenfleisch: Denn es stecken in jedem Tier sieben Sorten Fleisch – von zarter Brust bis würziger Keule.

FASAN

Die meisten Fasane stammen nicht aus freier Natur, sondern aus Zuchtbetrieben, den Fasanerien. Fasane schmecken so kräftig wie Wild und sind so leicht wie Hühnerfleisch. Damit sie beim Braten nicht austrocknen, belegt man sie mit Speck.

WACHTEL

Das kleinste aller Wildgeflügel wiegt küchenfertig etwa 180 g. Als Vorspeise rechnet man eine Wachtel, als Hauptgericht zwei.

HUHN

Zur Familie der Hühner zählen Stubenküken (bis 750 g), Hähnchen (ab 750 g), Poularden (ab 1200 g) und Kapaune (kastrierte Junghähne). Besonders zart schmeckt das im Freiland gemästete Bresse-Huhn.

PERLHUHN

Es hat graues Gefieder mit weißen Punkten, wiegt ausgewachsen rund 1,4 kg und ist im Geschmack dem kräftigen Fasan ähnlicher als dem milden Huhn.

Bardieren

Damit mageres Geflügel wie Fasan oder Wachtel während des Bratens nicht austrocknet, wickelt man es in einen Mantel aus fettem oder durchwachsenem Speck. Dazu die Brust und die Keulen dachziegelartig mit Speck belegen und mit Küchengarn wie ein Paket verschnüren.

Geflügel tranchieren

Wie Ente, Hähnchen und

1. *Das Fleisch um* ***die Keulen*** *herum mit einem langen scharfen Messer bis auf die Knochen einschneiden.*

2. *Die Keulen mit einem Ruck zur Seite biegen, bis sich die Oberschenkelknochen aus dem Fleisch lösen. Mit einem Messer* ***die Gelenke*** *durchtrennen und die Keulen ablösen.*

Gans braten

Bevor die Gans in den Ofen kommt, wird überschüssiges Fett entfernt und restliches Gewebe und Blut aus der Gans gewaschen. Für eine gefüllte Gans die Öffnung wie einen Schnürschuh verschließen. Die Keulen immer mit Küchengarn zusammenbinden, damit die Gans auch nach dem Braten noch schön in Form ist. Eine gefüllte Gans ist im Schnitt nach 3 Stunden bei 175–200 Grad (Gas 2–3) durchgebraten.

Von nicht gut gerupften Gänsen müssen die harten **Federkiele** entfernt werden: Am einfachsten lassen sie sich nach 30 Minuten Bratzeit mit einer Pinzette aus der Haut ziehen.

Die Gänsehaut wird schön knusprig und goldgelb, wenn die Gans etwa alle 20 Minuten mit etwas **Gänsefett**, das während des Bratens austritt, beschöpft wird.

Herzhafter Brotaufstrich: Schmalz

Gänseschmalz wird aus den **Flomen** zubereitet, dem überschüssigen Fett, das beim Putzen der Gans entfernt wird. Die Flomen werden zuerst gewässert und dann ausgelassen. Schmalz läßt sich durch Majoran, Lorbeer, Rosmarin, Knoblauch, Zwiebeln, Kürbiskerne oder Pistazien verfeinern. Für **Apfelschmalz** werden zum Beispiel gewürfelte Äpfel, Thymianblättchen und geröstete Sonnenblumenkerne mitgeschmort. Wer Gänseschmalz fester bevorzugt, gibt etwa ein Drittel Schweineschmalz dazu; wer es cremiger mag, rührt etwas Gänsefett unter, das beim Gänsebraten austritt.

Gans richtig zerlegt werden, sehen Sie hier am Beispiel einer Gans

3. Die Flügel wie die Keulen abtrennen: Das Fleisch um die Flügel herum einschneiden, die Flügel zur Seite drücken, die Gelenke durchtrennen und die Flügel entfernen.

4. Die Brustfilets mit einem Messer entlang des Brustknochens einschneiden, vom Knochen schneiden und abheben.

5. Die Brustfilets schräg in etwa 1 cm dicke Scheiben schneiden.

6. Um an die Füllung zu gelangen, **den Brustkorb** mit einer Geflügelschere rundherum einschneiden und abheben.

Gefüllte Ente mit Ananas

Für 4–6 Portionen:
100 g Langkornreis
Salz
1 Flugente (ca. 3 kg)
500 g Porree
1 Dose Ananasringe
(500 g EW)
40 g Erdnüsse (gesalzen)
25 g frische Ingwerwurzel
1 Knoblauchzehe
1 Pfefferschote
3 El Sojasauce
2 Frühlingszwiebeln
Außerdem:
Holzstäbchen

1. Den Reis in Salzwasser 15 Minuten garen und abtropfen lassen. Das Fett aus der Ente lösen.

2. Den Porree putzen, waschen und in Ringe schneiden. Die Ananas abtropfen lassen, den Saft auffangen, 3 Ananasringe würfeln. Die Erdnüsse hacken.

3. Ingwer schälen und hakken. Knoblauch pellen und durchpressen. Pfefferschote halbieren, entkernen und hakken. Ingwer, Knoblauch und Pfefferschote in 30 g Entenfett andünsten.

4. Porree dazugeben und 2 Minuten zugedeckt dünsten. Mit abgetropftem Reis, Ananaswürfeln und Nüssen mischen, mit 1 El Sojasauce und Salz würzen.

5. Die Ente salzen, mit der Reismischung füllen und mit Holzstäbchen zustecken. Die Ente mit 1/8 l Ananassaft und 1/8 l Wasser in einen Bräter geben. Im vorgeheizten Backofen auf der 2. Einschubleiste von unten bei 175 Grad insgesamt 2 1/2 Stunden (Gas 2, Umluft 2 3/4 Stunden bei 160 Grad) braten. Nach 1 Stunde 1/4 l Wasser dazugießen (bei Umluft 400 ml, die Ente locker mit Folie abdecken).

6. 30 Minuten vor Ende der Garzeit restlichen Ananassaft und Sojasauce dazugeben. Die restlichen Ananasringe vierteln und die letzten 15 Minuten mitgaren. Ente und Ananas anrichten und warm stellen.

7. Den Bratensaft in einen Topf gießen, entfetten und einkochen lassen. Die Frühlingszwiebeln putzen, in feine Ringe schneiden und in den Bratensaft geben.

Zubereitungszeit: 3 Stunden
Pro Portion (bei 6 Portionen) 77 g E, 73 g F, 33 g KH = 1159 kcal (4850 kJ)

Putenbrust mit Orangensauce

Für 8 Portionen:
2,5 kg Putenbrustfilet
Salz
Pfeffer (a. d. Mühle)
6 El Öl
1/4 l Brühe (Instant)
400 g Möhren
400 g Staudensellerie
1/4 l Orangensaft
1 Pk. Sauce Hollandaise (200 g)
1 Bund Schnittlauch
1 Orange

1. Das Putenbrustfilet mit Salz und Pfeffer einreiben und im heißen Öl anbraten. Die Brühe dazugießen und das Fleisch 45 Minuten zugedeckt schmoren.

2. Möhren und Staudensellerie putzen, Möhren längs vierteln und zusammen mit den Selleriestangen in Scheiben schneiden. Nach 45 Minuten zum Fleisch geben. Orangensaft dazugießen und zugedeckt weitere 30 Minuten garen.

3. Die Putenbrust in Scheiben schneiden. Das Gemüse mit der Schaumkelle aus dem Sud nehmen und mit dem Fleisch auf einer Platte warm stellen.

4. Den Bratensaft mit Sauce Hollandaise verrühren, aufkochen und mit Salz und Pfeffer würzen. Schnittlauch in Röllchen, Orange in Scheiben schneiden, Pute und Gemüse damit garnieren.

Dazu paßt Reis.

Zubereitungszeit: 1 1/2 Stunden
Pro Portion 77 g E, 24 g F, 8 g KH = 566 kcal (2354 kJ)

***Tip:* Falls Sie die Sauce ohne Fertigprodukt zubereiten möchten, verrühren Sie den Bratensaft mit 100 ml Schlagsahne und 100 ml Brühe. Die Flüssigkeit zum Kochen bringen und mit 1–2 Tl angerührter Speisestärke binden.**

Fasan mit Rosmarin-Wacholder-Jus

Für 4 Portionen:
2 Fasane
(à 900 g, küchenfertig)
Pfeffer (a. d. Mühle)
9 kleine Zweige Rosmarin
8 Scheiben Bacon
(dünn geschnittener Frühstücksspeck, ca. 120 g)
2 Lorbeerblätter
1 El Wacholderbeeren
100 g Schalotten
20 g Butterschmalz
Salz
Zucker
Außerdem:
Rouladennadeln

1. Die Fasane häuten. Die Brustfilets auslösen, die Keulen abtrennen, alles leicht mit Pfeffer würzen. Je 1 Rosmarinzweig auf 1 Stück Fleisch legen, mit Bacon fest umwickeln und mit einer Rouladennadel zustecken.

2. Die Knochen (Karkassen) in Stücke hacken, mit Lorbeer und 1 Tl Wacholder in einen flachen Bräter geben und im vorgeheizten Backofen bei 200 Grad (Gas 3, Umluft 180 Grad) auf der 2. Einschubleiste von oben 45 Minuten rösten.

3. 1 l Wasser dazugießen, die Röststoffe mit einem Pinsel lösen. Alles in einen Topf umfüllen und auf dem Herd bei starker Hitze ohne Deckel auf etwa 200 ml einkochen lassen. Den Saucenfond durch ein feines Sieb in einen anderen Topf umgießen.

4. Die Schalotten pellen. Das Butterschmalz erhitzen, die Keulen darin von beiden Seiten anbraten. 50 ml Saucenfond dazugießen. Die Keulen zugedeckt bei milder Hitze von einer Seite 15 Minuten schmoren. Nach 10 Minuten die Schalotten dazugeben, mit Salz und etwas Zucker würzen.

5. Die Keulen wenden. Die Bruststücke und den restlichen Wacholder dazugeben. Das Fleisch zugedeckt weitere 10–12 Minuten schmoren, die Bruststücke nach der Hälfte der Zeit wenden.

6. Die restlichen Rosmarinnadeln abstreifen und mit dem restlichen Saucenfond unter den Bratenfond mischen.

7. Die Spieße entfernen. Die Bruststücke in je 3 Teile schneiden. Je 1 aufgeschnittenes Bruststück und 1 Keule mit Sauce und Schalotten auf heißen Tellern anrichten.

Dazu passen Petersilienwurzelpüree und Kartoffelgratin.

Zubereitungszeit: 1 1/2 Stunden
Pro Portion 88 g E, 33 g F, 3 g KH = 703 kcal (2942 kJ)

Gänsebraten mit Sauerkraut-Quitten-Füllung

Für 8 Portionen:
1 Gans (5 kg, küchenfertig)
Salz
2 Dosen Sauerkraut
(à EW 770 g)
300 g Zwiebeln
2 Porreestangen (800 g)
50 g frische Ingwerwurzel
200 g Kartoffeln
2 Tl Koriander
(frisch gemahlen)
weißer Pfeffer (a. d. Mühle)
500 g Quitten
150 g Quittengelee
3 El Apfeldicksaft
150 g Möhren
150 g Petersilienwurzel
40 g Mehl
3 El Balsamessig
(Aceto balsamico)
Außerdem:
Holzstäbchen
Küchengarn

1. Die Flügelspitzen im Gelenk abtrennen und zerkleinern. Innereien (Herz, Leber und Magen) und die Gänseflomen aus der Gans herausnehmen. Den Hals zerkleinern und mit Flügeln und Innereien beiseite stellen. Die Haut am Halsansatz stramm über die Öffnung ziehen und mit Holzstäbchen verschließen. Die Gans innen salzen.

2. Etwa 150 g Gänseflomen grob würfeln und in der Pfanne bei milder Hitze auslassen. Die Grieben mit einer Schaumkelle herausnehmen und beiseite legen.

3. Das Sauerkraut gut ausdrücken und grob hacken. Zwiebeln pellen und fein würfeln. 1 Porreestange putzen, waschen und in dünne Scheiben schneiden.

4. 4 El ausgelassenes Gänsefett erhitzen. Zwiebeln und Porree darin andünsten. Sauerkraut und restliches ausgelassenes Gänsefett dazugeben und unter Wenden 8–10 Minuten dünsten.

5. Ingwer und Kartoffeln schälen und fein reiben. Beides mit dem Koriander unter das Sauerkraut heben und mit Salz und Pfeffer herzhaft würzen.

6. Die Quitten schälen, auf der groben Seite der Haushaltsreibe so raspeln, daß nur das Kerngehäuse zurückbleibt. Die Kerngehäuse aufheben.

7. Quittengelee und Apfeldicksaft im Topf erhitzen. Quittenraspel darin geschlossen 8 Minuten garen (sie dürfen nicht weich werden und zerfallen). Die Quitten mit Flüssigkeit unter das Kraut mischen.

8. Die restliche Porreestange, Möhren und Petersilienwurzeln putzen und grob würfeln, mit Gänseinnereien, Hals, Flügelspitzen, gewürfeltem Gänseflomen und Kerngehäusen auf der Saftpfanne verteilen.

9. Das Sauerkraut in die Gans füllen. Die Öffnung zustecken. Die Flügelknochen unter der Gans am Rücken zusammenbinden. Die Schenkel über der Brust zusammendrücken, zusammenbinden.

10. Die Gans mit der Brust nach oben auf die Saftpfanne setzen, auf der 2. Einschubleiste von unten in den vorgeheizten Backofen schieben und 1/2 l Wasser angießen. Gans bei 200 Grad (Gas 3, Umluft nicht empfehlenswert) 2 1/2 Stunden braten.

11. Nach 45 Minuten 2 Tl Salz in 1 El warmem Wasser auflösen. Die Gans damit bepinseln.

12. Wenn das Wasser verdampft ist und sich Röststoffe gebildet haben, nach und nach 1 Liter Wasser während der ganzen restlichen Bratzeit angießen. Die Gans während der Bratzeit immer wieder mit Bratenfond beschöpfen.

13. Die Gans nach 2 1/2 Stunden aus dem Ofen nehmen, mit der Brust nach unten auf einen Bratrost legen, wieder in den Ofen schieben und ein Backblech unter den Rost stellen. Die Gans noch 15–20 Minuten weiterbraten.

14. Inzwischen das Fett so aus der Saftpfanne in eine Schüssel abgießen, daß nur die Röststoffe zurückbleiben.

15. 3/4 l heißes Wasser in die Saftpfanne gießen und die Röststoffe lösen. Die Flüssigkeit durch ein Sieb in einen Topf umgießen, dabei die Rückstände gut ausdrücken.

16. Die Flüssigkeit auf 1/2 l einkochen. Das Mehl mit 5 El abgegossenem Gänsefett verrühren. Den eingekochten Fond aufkochen, das Mehlfett einrühren und 10 Minuten kochen, mit Balsamessig würzen, evtl. mit Salz und Pfeffer nachwürzen.

17. Die Gans auf eine vorgewärmte Platte legen, tranchieren und mit der Sauce servieren.

Dazu paßt Semmelpudding.

Zubereitungszeit: 4 Stunden
Pro Portion 69 g E, 123 g F, 36 g KH = 1618 kcal (6757 kJ)

Huhn mit Mandeln

Für 4 Portionen:
1 Hähnchen (1,3 kg)
Salz
weißer Pfeffer (a. d. Mühle)
6 El Olivenöl
300 g kleine Zwiebeln
3 Lorbeerblätter
1/2 Bund glatte Petersilie
1/4 l Weißwein (trocken)
150 ml Hühnerbrühe
3 Eier
50 g gemahlene Mandeln
1/2 Tütchen Safranpulver
2 Knoblauchzehen (püriert)
30 g ganze Mandeln (gehäutet)

1. Hähnchenkeulen abtrennen, im Gelenk durchschneiden. Brust mit Knochen und Flügeln vom Rücken abschneiden. Brust erst längs, dann jede Hälfte einmal quer teilen. Die Flügel abschneiden. Rücken mit einem schweren Messer in 4 Teile hacken. Fleischteile mit Salz und Pfeffer einreiben.

2. 4 El Öl in einem schweren, flachen Schmortopf mittelheiß werden lassen. Die Hähnchenteile rundherum goldbraun anbraten.

3. Zwiebeln pellen, Zwiebeln, Lorbeer und eine Handvoll Petersilienblätter dazugeben.

4. Nach und nach 1/8 l Weißwein dazugießen und jedesmal wieder verdampfen lassen. 1/8 l Brühe dazugießen. Deckel fast ganz auflegen.

5. Das Fleisch 45 Minuten sanft schmoren. Gelegentlich wenden und nach und nach restlichen Wein dazugießen.

6. Inzwischen die Eier hart kochen, abkühlen lassen, pellen. Das Eiweiß hacken und beiseite stellen. Eigelb im Mörser mit restlichem Öl, gemahlenen Mandeln, Safran, püriertem Knoblauch und der restlichen Brühe zu einer feinen Paste zerstoßen.

7. Ganze Mandeln ohne Fett in einer Pfanne hellbraun rösten. Restliche Petersilie fein hacken.

8. Inzwischen Fleisch und Zwiebeln aus dem Schmortopf nehmen, auf einer Platte im Backofen warm halten.

9. Das Fett vom Schmorfond abschöpfen. Fond stark einkochen lassen. Mandelpaste einrühren und erhitzen.

10. Die Mandelsauce über Fleisch und Zwiebeln gießen, mit gerösteten Mandeln, gehacktem Eiweiß und Petersilie bestreuen.

Dazu paßt Reis mit jungen Erbsen.

Zubereitungszeit: 1 1/2 Stunden
Pro Portion 59 g E, 44 g F, 8 g KH = 705 kcal (2949 kJ)

Chinesische Hähnchen-Spitzkohl-Pfanne

Für 4 Portionen:
2 El Sherry (trocken)
3 El Sojasauce
1 El Essig
4 El Geflügelfond (a. d. Glas)
1/2 Tl Chiliflocken
1 Tl Rohrzucker
350 g Hähnchenbrustfilet
10 g frische Ingwerwurzel
1 Knolle junger Knoblauch
4 El Öl
750 g Spitzkohl
1 rote Paprikaschote
100 g Shiitake-Pilze
1 Tl Speisestärke
1 EL Sesamöl
Salz

1. Sherry, Sojasauce, Essig, Fond, Chiliflocken und Zucker verrühren. Das Fleisch 2 cm groß würfeln und 20 Minuten in der Sherrymischung marinieren.

2. Ingwer schälen und in dünne Scheiben schneiden, Knoblauch pellen, große Zehen längs halbieren. Beides in 2 El Öl glasig dünsten.

3. Den Kohl putzen und in breite Streifen schneiden. Paprika vierteln, putzen, waschen und in Rauten schneiden. Die Pilze entstielen, die Köpfe vierteln.

4. Das Fleisch abtropfen lassen, die Marinade auffangen. Das restliche Öl in einer großen Pfanne sehr stark erhitzen. Das Fleisch darin unter Rühren 1 Minute braten. Das Gemüse dazugeben, 1 Minute mitbraten.

5. Die Speisestärke in der Marinade auflösen, dazugießen und aufkochen. Salz und Sesamöl, Ingwer und Knoblauch dazugeben.

Zubereitungszeit: 1/2 Stunde
Pro Portion 27 g E, 14 g F, 15 g KH = 295 kcal (1232 kJ)

Entenragout mit Orangen

Für 4 Portionen:
3 Entenbrustfilets (ca. 900 g)
1 Bund Frühlingszwiebeln
2 Orangen
50 g Mandeln (gehäutet)
1/4 l Orangensaft
1 El süß-pikante Chilisauce
2 El Obstessig
2 Tl Speisestärke
3 El Zucker
Salz
Pfeffer (a. d. Mühle)
1 Topf Koriandergrün

1. Die Entenbrustfilets häuten. 40 g von der Haut in Würfel schneiden und in einer Pfanne auslassen. Fleisch in Streifen schneiden, portionsweise im Fett anbraten, mit einer Schaumkelle herausnehmen, dabei abtropfen lassen.

2. Die Frühlingszwiebeln putzen und in 2–3 cm lange Stücke schneiden. Kurz im Bratfett anbraten und herausnehmen.

3. Die Orangen schälen, dabei die weiße Haut vollständig entfernen. Die Frucht erst in Scheiben, dann in Stücke schneiden. Die Mandeln in einer Pfanne ohne Fett goldbraun rösten.

4. Orangensaft mit Chilisauce, Essig und Speisestärke verrühren. Den Zucker im Bratfett goldbraun karamelisieren lassen, mit dem Orangensaft-Stärke-Gemisch ablöschen, aufkochen lassen.

5. Mit Salz und Pfeffer würzen. Fleisch, Frühlingszwiebeln und Orangen in der Sauce heiß werden lassen. Die Korianderblätter von den Stielen zupfen. Das Entenragout mit Mandeln und Koriandergrün anrichten.

Dazu passen gekochte und in Olivenöl gebratene Kartoffeln.

Zubereitungszeit: 3/4 Stunde
Pro Portion 40 g E, 42 g F, 34 g KH = 677 kcal (2836 kJ)

Paprikahuhn

Für 4 Portionen:
4 Zwiebeln
1 große rote Paprikaschote
1 große grüne Paprikaschote
1 Poularde (1,3 kg)
Salz
Pfeffer (a. d. Mühle)
1–2 Tl Paprikapulver (scharf)
20 g Butterschmalz
1/4 l Brühe (Instant)
200 g Crème fraîche
1–2 El Paprikamark
1–2 El heller Saucenbinder

1. Die Zwiebeln pellen und vierteln. Paprika vierteln, putzen, waschen und in Stücke schneiden.

2. Die Poularde innen und außen waschen, trocknen, innen und außen mit Salz, Pfeffer und Paprikapulver einreiben.

3. Das Butterschmalz im Bräter erhitzen, die Poularde darin rundherum anbraten. Die Zwiebeln dazugeben und glasig dünsten.

4. Die Brühe dazugießen, Poularde offen im vorgeheizten Backofen bei 200 Grad (Gas 3, Umluft 200 Grad) auf der 2. Einschubleiste von unten 30 Minuten braten.

5. Die Paprikastücke dazugeben, weitere 25–30 Minuten garen. Poularde und Paprika auf eine Servierplatte geben, warm stellen.

6. Den Bratensaft mit Crème fraîche und Paprikamark verrühren, aufkochen lassen. Den Saucenbinder einstreuen und aufkochen lassen. Die Sauce zur Poularde servieren.

Zubereitungszeit: 1 1/2 Stunden
Pro Portion 57 g E, 34 g F, 12 g KH = 602 kcal (2518 kJ)

FISCH

Wie wird Aal gehäutet? Wann ist Fisch frisch? Wie gelingt eine Fischfarce? Scholle, Seelachs und Zander lassen sich einfacher vor- und zubereiten, als man annimmt. Probieren Sie also gleich Scholle im Gewürzsud, Forellen-Karpfen-Sülze oder Kabeljaufilet mit Senfsauce!

1. *Der Sud für die Schollen wird zubereitet aus Weißwein, Weißweinessig, Zwiebeln, Senfkörnern, Wacholderbeeren, Dill, Petersilie und Zitrone.*
2. *Die Scholle mit der hellen Seite nach oben servieren.*
3. *Die Schollen garen im Backofen auf der Saftpfanne im Gewürzsud.*

Maischolle auf ihre zarteste Art: sanft im Gewürzsud pochiert mit cremiger Sahne-Dill-Sauce. Rezept Seite 64

3

ALLES ÜBER FISCH

Maischolle im Gewürzsud

Für 4 Portionen:
Sud:
4 Zwiebeln
(in Ringe geschnitten)
10 Wacholderbeeren
1 El Senfkörner
2 El Zucker
2 El Salz
4 Zitronenscheiben
(unbehandelt)
1/4 l Weißweinessig
3/4 l Weißwein
2 Stiele Petersilie
1 Bund Dill
Außerdem:
4 Schollen
(à 300–350 g, küchenfertig)
200 g saure Sahne
3 Eigelb
1 Bund Dill
Zucker
Salz
Pfeffer (a. d. Mühle)

1. Alle Zutaten für den Sud mit 1 l Wasser in einen Topf geben und einmal aufkochen lassen.

2. Die Schollen mit der weißen Seite nach oben in die Saftpfanne legen. Den heißen Sud auf die Schollen gießen.

3. Die Schollen im vorgeheizten Backofen bei 200 Grad (Gas 3, Umluft 200 Grad) auf der untersten Einschubleiste 10 Minuten garen, dann 5 Minuten im ausgeschalteten Ofen ziehen lassen.

4. 1/8 l Sud aus der Saftpfanne nehmen, durch ein Sieb gießen, etwa auf die Hälfte einkochen lassen und mit der sauren Sahne aufkochen. Topf kurz vom Herd ziehen.

5. Eigelb mit 2 El Wasser verrühren, in die Sauce geben und gut verrühren. Wieder erwärmen, bis die Sauce etwas dicklich wird, nicht mehr kochen lassen!

6. Den Dill fein schneiden und dazugeben. Die Sauce mit 1 Prise Zucker, Salz und Pfeffer würzen, warm halten.

7. Die Schollen mit einer Schaumkelle aus dem Sud heben und gut abtropfen lassen, mit der Sauce servieren.

Dazu passen Kümmelkartoffeln und Kopfsalat.

Zubereitungszeit: 1 Stunde
Pro Portion 32 g E, 14 g F, 3 g KH = 281 kcal (1177 kJ)

Rundfisch ausnehmen

Zander, Kabeljau und Hering werden meistens vom Fischhändler küchenfertig vorbereitet. Sollte der Fisch nicht geschuppt und ausgenommen sein, können Sie es leicht selbst machen. Sie brauchen nicht mehr als eine Schere, einen Fischschupper oder ein schweres Messer.

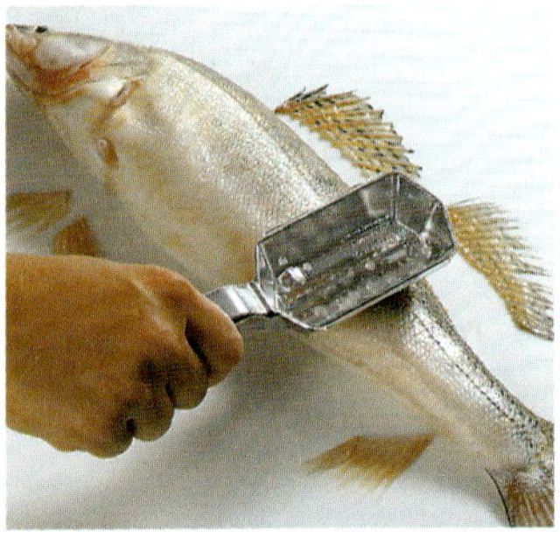

***1.** Rücken- und Bauchflossen abschneiden. Den Fisch mit einem Fischschupper oder dem Rücken eines Messers vom Schwanz zum Kopf hin schuppen.*

***2.** Zum Ausnehmen den Fisch kurz hinter dem Schwanzende beginnend bis zum Kopf vorsichtig aufschneiden. Die Eingeweide dabei nicht verletzen.*

***3.** Die Eingeweide vom Schwanz zum Kopf hin mit den Fingern vorsichtig lösen und entfernen. Den Fisch gründlich unter fließendem Wasser waschen.*

Rundfisch filieren

Weitgehend grätenfrei ist der Genuß von Fischfilets. Zum Filieren brauchen Sie nur ein scharfes Messer. Kopf und Gräten eignen sich hervorragend zum Kochen von Fischfond (Seite 67).

***1.** Zum Filieren, auch filetieren genannt, den Kopf des küchenfertigen Rundfisches mit einem Messer schräg abschneiden.*

***2.** Die Filets mit einem scharfen Messer entlang der Mittelgräte auf beiden Seiten vorsichtig abschneiden.*

***3.** Die großen Bauchhöhlengräten mit dem Messer herausschneiden. Restliche Gräten mit einer Pinzette aus den Filets ziehen.*

Fisch in Koteletts teilen
Den küchenfertigen Rundfisch in 2–4 cm dicke Scheiben schneiden, eventuell die Bauchlappen kürzen.

MEERESFISCHE

Die Palette der im Salzwasser lebenden Fische reicht von der bleistiftgroßen Sardine bis zum meterlangen Thunfisch. Je weiter die Fische von der Küste entfernt leben, desto weniger sind sie mit Schwermetallen und Pestiziden belastet. Meeresfische sind die besten Spender für den Mineralstoff Jod. Und fette Fische wie Makrele, Hering und Aal sind reich an mehrfach ungesättigten Fettsäuren, den Vitaminen A, E und den Omega-3-Fettsäuren, die vor Infarkt schützen. Meeres- und Süßwasserfische sind auch wegen ihres leichtverdaulichen Eiweißes sehr gesund. Zu den beliebtesten Meeresfischen zählen Kabeljau, Rotbarsch, Seelachs, Scholle und Hering. Besonders edles Fleisch liefern die Plattfische Seezunge und Steinbutt.

Fisch dämpfen

Beim Dämpfen werden ganze Fische, Fischfilets oder -koteletts in Wasserdampf gegart. Bei dieser schonendsten aller Garmethoden bleibt der Fisch saftig, aromatisch und laugt nicht aus. Die Garzeit hängt ab von der Fischgröße: Ganze große Fische – wie Zander – brauchen 30–40 Minuten, kleinere ganze Fische 15–20 Minuten, Fischfilets und -koteletts 5–6 Minuten. Das Wasser fürs Dämpfen läßt sich verfeinern mit Wein, Gemüsen, Kräutern und Gewürzen.

Zum Dämpfen etwas Wasser in den Fisch- oder Schnellkochtopf geben und zum Kochen bringen. Den Fisch auf den Siebeinsatz legen und zugedeckt im Wasserdampf garen.

SÜSSWASSERFISCHE

Der populärste Zuchtfisch unter den Süßwasserfischen ist die milde Regenbogenforelle. Sie zählt wie der fein-aromatische Lachs zu den Salmoniden. Die Qualität von Lachs schwankt enorm. Am besten schmeckt Wildlachs. Die meisten Lachse kommen allerdings aus der Zucht. Ihre rosa bis rote Farbe verleihen ihnen naturidentische Farbstoffe, die Karotine. Zander, Hecht und Schleie fallen auf durch ihr mageres Fleisch und ihr kräftiges Aroma. Am fettreichsten sind Aal und Karpfen. Flußfische speichern am meisten Schwermetalle und Pestizide.

Aal häuten

Außer zum Räuchern oder Blaukochen wird die dicke und zähe Aalhaut immer entfernt. Damit kein Aalfleisch beim Abziehen an der Haut haften bleibt, muß sie ruckartig und schnell entfernt werden. Vor dem Häuten zuerst den Aal ausnehmen und den Kopf abschneiden.

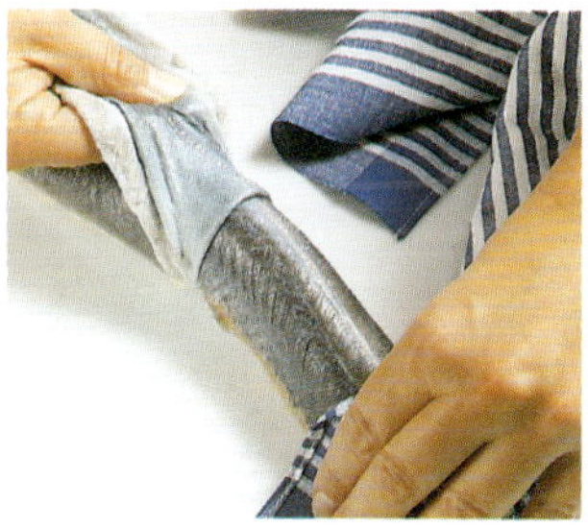

Den Aal am Kopfende mit einem Küchentuch fest halten. Die Haut mit einem kräftigen Ruck zum Schwanz hin abziehen. Dann die Rückenflossen abschneiden.

Fisch pochieren

Neben dem Dämpfen und Dünsten ist auch das Pochieren eine schonende Methode, Fisch zu garen. Die Fische oder Fischstücke ziehen dabei gar in einem **gewürzten Sud** *(zum Beispiel Wasser, Wein, Gemüse, Kräuter, Gewürze) bei 75–80 Grad. Fische mit einer Schleimschicht wie Karpfen, Forellen, Aale und Schleie eignen sich zum* **Blaukochen**. *Während des Pochierens im Essigsud (1/2 Essig, 1/2 Wasser) färben sich die frischen, küchenfertigen Fische blau.*

Zum Pochieren den gewürzten Sud zum Kochen bringen, den Fisch in den Sud geben und darin gar ziehen lassen.

Plattfisch häuten und filieren

1. *Zum Filieren werden kleine Plattfische wie Seezunge und Scholle im Ganzen gehäutet. Die Seitenflossen und den Kopf abschneiden.*

2. *Die Haut wird vom Schwanzende zum Kopf hin abgezogen. Zum Häuten hinter der Schwanzflosse etwas Haut lösen.*

3. *Um festen Halt zu haben, die Schwanzflosse mit einem Küchentuch festhalten. Die Haut ruckartig zum Kopf hin abziehen.*

4. *Den Fisch 2 cm neben der Seitenflosse einschneiden und die Eingeweide entfernen. Die 4 Filets von den Gräten schneiden.*

ALLES ÜBER FISCH

Fisch panieren und braten

Durchs Panieren sind gebratene Fische außen knusprig und innen sehr saftig. Kleine Fische, Filets und Koteletts werden immer portionsweise gebraten und einmal gewendet. Fische, die „natur" gebraten werden, wälzt man nur in Mehl. Sie erhalten dadurch eine dünne Kruste.

***1.** Das Fischfilet trockentupfen und von beiden Seiten im Mehl wenden. Überschüssiges Mehl gut abklopfen, denn der Fisch soll nur dünn mehliert sein.*

***2.** Das in Mehl gewendete Fischfilet anschließend durch verquirltes Ei ziehen: Dazu ein bis zwei Eier verschlagen und mit Salz und Pfeffer würzen.*

***3.** Das Fischfilet von beiden Seiten in Paniermehl wälzen. Die Panierung leicht andrücken und den Fisch sofort braten, damit die Panierung nicht durchweicht.*

***4.** Das panierte Fischfilet ins heiße, zischende Fett geben. Zum Braten eignet sich am besten hocherhitzbares Fett wie Öl oder Butterschmalz.*

***5.** Das Fischfilet zuerst auf der rauhen Grätenseite braten. (Brät man es zuerst auf der glatten Seite, wölbt es sich nach oben und wird nicht gleichmäßig gar.)*

***6.** Das Fischfilet schmeckt noch aromatischer, wenn am Ende der Bratzeit etwas Butter in der Pfanne aufgeschäumt und über den Fisch geträufelt wird.*

Fisch ausbacken

Zum Ausbacken kleine Fischfiletstücke durch einen Bier- oder Weinteig ziehen und in 180 Grad heißem Fritierfett schwimmend goldgelb backen. Für 4–6 Portionen rechnet man 1–1,5 kg Fischfilet, 125 g Mehl, 1 El Öl, 125 ml Bier/Wein, 2 Eier, Salz.

FRISCHER FISCH

Scholle, Rotbarsch und Zander schmecken nur fangfrisch zubereitet. Frischen Fisch erkennen Sie an klaren Augen, feuchten, roten Kiemen und glänzender Haut. Riecht Fisch fischig, sollte er nicht gekauft werden. Eine gute Alternative ist tiefgekühlter Fisch. Er wird schon auf den Fangschiffen schockgefroren.

Fisch im Ofen backen *Speziell für ganze Fische ist diese Garmethode wie geschaffen*

*Ob als Auflauf, auf dem Blech, in Alufolie, im Bratschlauch oder im Salzteig gebacken, Fisch läßt sich auf diese Weise schnell, einfach und schonend zubereiten – denn **er gart im eigenen Saft.** Je nach Größe des Fisches beträgt die Garzeit 20–60 Minuten bei 200 Grad (Gas 3, Umluft 200 Grad).*

Fisch in Alufolie
Magere Fische belegt man mit Speckscheiben. Die Folie locker um den Fisch schlagen und verschließen, damit sich ausreichend Dampf entwickeln kann.

Fisch im Bratschlauch
Der Fisch gart auch hier im eigenen Dampf. Aromatisch schmeckt der Fisch, wenn er auf einem Gemüsebett mit etwas Flüssigkeit gebacken wird.

Fisch im Salzteig
Die raffinierteste Art: Fisch mit Salzteig umhüllen und backen. Für 1 kg Teig rechnet man 400 g Mehl, 400 g Salz, 3–4 Eiweiß, 100 ml Wasser.

Farce zubereiten

Terrinen, Soufflés, Klößchen und Füllungen werden aus der feinen Fischmasse zubereitet. Für 500 g Farce reichen 300 g Fischfilet, 1 Tl Salz, Pfeffer und 250 ml Schlagsahne. Damit die Fisch-Sahne-Masse nicht gerinnt, müssen alle Zutaten gekühlt sein.

1. *Das gut gekühlte Fischfilet im Fleischwolf oder Mixer zerkleinern. Die Masse in einer Schüssel in ein Eiswasserbad (Eiswürfel und kaltes Wasser) setzen.*

2. *Die Hälfte der Sahne zur Fischmasse geben, mit Salz und Pfeffer würzen. Fisch und Sahne zu einer homogenen Masse auf dem Eiswasserbad rühren.*

3. *Die Fischmasse wird noch feiner, wenn sie durch ein Sieb gestrichen wird: So bleiben kleine Fischstücke und -gräten im Sieb zurück. Die Masse kühl stellen.*

4. *Inzwischen die restliche Sahne an-, aber nicht zu steif schlagen. Mit einem Kochlöffel unter die Fischfarce rühren, bis die Masse glänzt.*

5. *Für Fischklößchen die Farce mit zwei feuchten Teelöffeln abstechen und in siedender Brühe oder Wasser gar ziehen und abtropfen lassen.*

Sülze zubereiten

Fisch auf die kalte Art: mit Gemüse in Aspik geschichtet. Damit die Sülze fest wird, rechnet man auf 1/2 l Flüssigkeit 6–7 Blatt Gelatine. Außerdem: 250 g Fischfilet, etwas Möhren und Porree, Salz und Kerbel. Die Sülze im Kühlschrank fest werden lassen.

Den Fischfond mit Gelatine 1 cm hoch in die Förmchen gießen, erstarren lassen. Die gegarten Fisch- und Gemüsewürfel einfüllen, mit Fond bedecken.

Goldgelb und voller Aroma: Fischfond

Er ist die Basis für Suppen und Saucen

1. *Ob für eine feine Lachsconsommé oder eine kräftige Bouillabaisse, die Basis für das Gelingen eines Fischgerichtes bildet der Fond. Den Geschmack liefern Fischgräten, -schwänze, -köpfe, Porree, Zwiebeln, Tomaten, Petersilienwurzeln, Lorbeer und Pfefferkörner. Zum Fondkochen alle Fischzutaten gründlich unter Wasser waschen und mit dem grob verteilten Gemüse, Kräutern und Gewürzen im* ***Öl andünsten.***

2. *Die angedünsteten Zutaten mit so viel Wasser oder einer Mischung aus Wein und Wasser ablöschen, bis sie mit Flüssigkeit bedeckt sind. Die Flüssigkeit ganz* ***langsam*** *bei milder Hitze zum Kochen bringen. Den Fond einmal* ***kräftig aufwallen*** *lassen und von der Herdplatte nehmen, 20 Minuten ziehen lassen. Der Schaum muß dabei nicht abgeschöpft werden. Wichtig: Den Fischfond nicht sprudelnd kochen, damit er klar bleibt.*

3. *Ein Spitzsieb mit einem feuchten Mulltuch auslegen und in eine Schüssel setzen. Den Fond vorsichtig* ***durch das Sieb gießen****. So wird er schön klar. Wer den Fond noch klarer haben möchte, klärt ihn zusätzlich: Dazu 2–3 Eiweiß leicht anschlagen und in den kalten Fond rühren. Den Fond ganz langsam erhitzen, nicht kochen lassen. Das Eiweiß flockt aus und bindet alle Trübstoffe. Das Eiweiß mit einer Schaumkelle abheben.*

Forellen-Karpfen-Sülze mit Aquavitschmand

Für 4–6 Portionen als Vorspeise:
250 g Karpfenfilet (ohne Haut)
100 g Suppengrün
400 ml Fischfond (a. d. Glas)
Salz
weißer Pfeffer (a. d. Mühle)
1 Lorbeerblatt
5 Blatt weiße Gelatine
1 kleines Bund Dill
80 g geräuchertes Forellenfilet
150 g Schmand
1 El Aquavit
100 g Brunnenkresse
100 g gelbe Friséeblätter
3 El Weißweinessig
5 El Traubenkernöl
50 g Keta-Kaviar

1. Eine Terrinenform (1/2 l Inhalt) glatt mit Klarsichtfolie auslegen. Das Karpfenfilet in 3 Stücke schneiden.

2. Das Suppengrün waschen, putzen und fein würfeln, den Porree beiseite legen. Den Fischfond mit dem übrigen Suppengrün in einen Topf geben, mit Salz, Pfeffer und Lorbeer würzen und 6 Minuten leise kochen lassen.

3. Gelatine in kaltem Wasser einweichen. Den Topf vom Herd nehmen, Karpfenfilets, Porree und die ausgedrückte Gelatine dazugeben und ungefähr 5 Minuten im Fond gar ziehen lassen.

4. Karpfenfilets vorsichtig aus dem Sud nehmen und auf einem Küchentuch abtropfen lassen. Den Sud durch ein feines Sieb gießen und auffangen, das Suppengrün in einem Sieb abtropfen lassen und beiseite legen.

5. Einige Dillzweige zum Dekorieren beiseite legen. Den restlichen Dill von den Zweigen zupfen, etwas davon mit etwas Suppengrün in die Terrinenform geben und mit etwas Sud beträufeln. 1 Karpfenstück darauflegen. Wieder etwas Suppengrün, Dill und Sud darauf verteilen.

6. Das Forellenfilet zurechtschneiden und in die Form legen. Den Vorgang so lange wiederholen, bis alle Zutaten verbraucht sind. Mit Fond abschließen.

7. Die Sülze mindestens 6 Stunden (besser über Nacht) kalt stellen. Dann vorsichtig an der Folie aus der Form ziehen und auf ein Brett stürzen. Kurz vor dem Servieren mit einem glatten, scharfen Messer in Scheiben schneiden und auf Teller verteilen.

8. Schmand mit Aquavit verrühren. Brunnenkresse und Frisée waschen, putzen und trockenschleudern.

9. Essig, Öl, 5 El Wasser, Salz und Pfeffer verrühren. Den Salat mit der Vinaigrette mischen und auf den Tellern verteilen. Jeweils 1 Tl Schmand dazugeben. Den Kaviar darauf verteilen und mit Dillzweigen garnieren.

Zubereitungszeit: 1 Stunde (plus Kühlzeit)
Pro Portion (bei 6 Portionen) 15 g E, 16 g F, 3 g KH = 231 kcal (968 kJ)

Lachsfilet mit Schmorgurkengemüse

Für 4 Portionen:
1 Ei
600–700 g Schmorgurken
60 g Butter
1 Zwiebel
30 g Mehl
150 ml Kalbsfond (a. d. Glas)
250 ml Schlagsahne
1 1/2 El gekörnter Senf
125 g Sahnejoghurt
Salz
Pfeffer (a. d. Mühle)
1/2 Bund Estragon
35 g Kapern (abgetropft)
700 g Lachsfilet
(mit Haut, vom Fischhändler schuppen lassen)
3–4 El Öl

1. Das Ei 10 Minuten kochen, dann pellen und hacken. Die Schmorgurken schälen, längs halbieren, entkernen und in etwa 2 cm dicke Scheiben schneiden.

2. Die Butter in einem Topf schmelzen. Die Schmorgurken ungefähr 3 Minuten unter Wenden darin andünsten, dann mit einer Schaumkelle herausnehmen, abtropfen lassen und beiseite stellen.

3. Die Zwiebel pellen, fein würfeln und im Fett glasig dünsten. Mit Mehl bestäuben, unter Rühren anschwitzen.

4. Fond und Sahne dazugießen und 3 Minuten kochen. Danach Senf und Joghurt dazugeben und verrühren. Die Schmorgurken dazugeben und 5–7 Minuten bei milder Hitze kochen. Mit Salz und Pfeffer würzen.

5. Die Estragonblätter von den Stielen zupfen und kurz vor Ende der Garzeit mit den Kapern in die Sauce geben und 2–3 Minuten bei milder Hitze garen.

6. Das Lachsfilet waschen, gut trockentupfen und quer in 8 Scheiben schneiden. Die Haut im Abstand von 3 cm quer einschneiden.

7. Das Öl in einer großen beschichteten Pfanne erhitzen. Die Lachsfilets auf beiden Seiten salzen und pfeffern. Die Filets auf der Hautseite zuerst etwa 2 Minuten bei starker Hitze, dann 7–9 Minuten bei mittlerer Hitze braten: Die Fischfilets dabei nicht bewegen, damit die Haut knusprig wird. Anschließend herausnehmen.

8. Je 2 Lachsfilets auf Tellern anrichten, das Schmorgurkengemüse dazugeben und mit dem gehackten Ei bestreuen.

Dazu passen Pell- oder Salzkartoffeln.

Zubereitungszeit: 1 Stunde
Pro Portion 37 g E, 66 g F, 13 g KH = 831 kcal (3476 kJ)

Aal in Tomatensauce

Für 4 Portionen:
500 g Aal (küchenfertig)
Salz
schwarzer Pfeffer (a. d. Mühle)
6 Scheiben Parmaschinken (ca. 50 g)
6 Knoblauchzehen
200 g Zwiebeln
100 g Staudensellerie
1 Handvoll Salbeiblätter
1 kleiner Zweig Rosmarin
300 g reife Tomaten
6 El Olivenöl
2 El Weißweinessig
200 ml Weißwein (trocken)
Zucker
1/2 Bund glatte Petersilie

1. Vom Aal die Seitenflossen mit einer Schere abschneiden. Den Aal waschen, trockentupfen und in 12 Stücke schneiden. Mit wenig Salz, aber viel Pfeffer würzen.

2. Den Parmaschinken längs durchschneiden und jedes Stück Aal in je 1/2 Scheibe Schinken wickeln.

3. Den Knoblauch pellen und längs in Scheiben schneiden. Die Zwiebeln pellen und sechsteln.

4. Den Sellerie putzen und in Scheiben schneiden. Die Hälfte vom Salbei grob zerschneiden. Rosmarinnadeln vom Stiel streifen.

5. Die Tomaten kreuzweise einritzen, kurz in kochendes Wasser geben, abschrecken, häuten und vierteln. Saft und Kerne entfernen.

6. Die Aalstücke in einem schweren flachen Bräter in 4 El heißem Öl von beiden Seiten goldbraun anbraten und an den Rand des Bräters schieben.

7. In der Mitte des Bräters Knoblauch, Sellerie und Zwiebeln unter Rühren glasig andünsten. Salbei und Rosmarin untermischen. Mit Essig ablöschen. Den Wein dazugießen.

8. Die Aalstücke zwischen das Gemüse legen, die Tomaten darauf verteilen. Mit Salz, Pfeffer und 1 Prise Zucker würzen. Zugedeckt 10 Minuten bei schwacher Hitze garen, dann den Aal wenden und weitere 10 Minuten ohne Deckel bei etwas stärkerer Hitze garen.

9. Inzwischen die Petersilie abzupfen und grob hacken. Die restlichen Salbeiblätter im restlichen Öl knusprig braten und auf Küchenpapier abtropfen lassen. Dann mit der Petersilie über den Aal streuen.

Zubereitungszeit: 1 1/4 Stunden
Pro Portion 23 g E, 50 g F, 9 g KH = 611 kcal (2553 kJ)

Forellenfrikadellen mit Spargel

Für 4 Portionen:
125 g Weizentoastbrot
125 g Zwiebeln
125 g Butter
1 Zweig Dill
1 Zitrone (unbehandelt)
150 g geräuchertes Forellenfilet
450 g frische Forellenfilets (ohne Haut und Gräten)
3 Eier (Kl. L)
Salz

weißer Pfeffer (a. d. Mühle)
100 g gehobelte Mandeln
1,25 kg weißer Spargel
1 El Zucker
4 El Öl
1 Handvoll Kerbel

1. Das Toastbrot grob würfeln und in der Moulinette fein zerkrümeln. Die Zwiebeln pellen, fein würfeln und in 20 g Butter andünsten. Den Dill fein schneiden. Eine Hälfte der Zitrone auspressen, die andere in dünne Scheiben schneiden, Scheiben vierteln.

2. Vom geräucherten Forellenfilet die Haut ablösen. Die geräucherten und die frischen Forellenfilets grob würfeln, in der Moulinette fein pürieren. Mit der Hälfte vom Toastbrot, dem Zitronensaft, Zwiebeln, Dill und 2 Eiern glatt verkneten. Salzen, pfeffern und aus der Fischmasse 8 Frikadellen formen.

3. Das restliche Ei verquirlen. Die restlichen Brotkrümel mit den Mandeln mischen. Die Frikadellen zuerst durch das Ei ziehen und dann gleichmäßig in der Brösel-Mandel-Mischung panieren.

4. Den Spargel schälen, die holzigen Enden abschneiden. Spargel in wenig kochendem Salzwasser mit Zucker und 30 g Butter in etwa 15 Minuten bißfest kochen.

5. Die Frikadellen in einer großen Pfanne im Öl bei mittlerer Hitze auf jeder Seite 6–7 Minuten hellbraun braten. Die restliche Butter goldbraun schmelzen lassen.

6. Den Spargel gut abtropfen lassen, auf Tellern verteilen und mit der braunen Butter beträufeln. Die Frikadellen dazulegen und mit den Zitronenvierteln garnieren. Den Kerbel grob zerzupfen und darüberstreuen.

Dazu passen Salzkartoffeln.

Zubereitungszeit: 1 1/4 Stunden
Pro Portion 49 g E, 55 g F, 24 g KH = 783 kcal (3286 kJ)

Kabeljaufilet mit Senfsauce

Für 4 Portionen:
150 g Schalotten
1 El Senfkörner
80 g Butter
150 ml Weißwein (trocken)
200 ml Fischfond
(frisch gekocht
oder a. d. Glas)
50 g Estragonsenf
250 g Crème double
Salz
Cayennepfeffer
4 dicke Kabeljaufilets
(ohne Haut, à 180 g)
2 Zweige Dill
4 El Schlagsahne
(geschlagen)

1. Die Schalotten pellen und in feine Scheiben schneiden. 100 g mit den Senfkörnern in 30 g Butter andünsten. Mit 100 ml Weißwein und dem Fischfond auffüllen und fast vollständig einkochen lassen.

2. Den Senf schnell unterrühren, dann die Crème double dazugeben und 3 Minuten bei milder Hitze kochen lassen. Mit Salz und Cayenne würzen, durch ein feines Sieb passieren.

3. Die Kabeljaufilets mit einer Pinzette entgräten, salzen und in eine Pfanne mit Deckel legen.

4. Die restliche Butter würfeln und mit den Dillzweigen, dem restlichen Wein und den restlichen Schalotten dazugeben.

5. Den Deckel aufsetzen und den Fisch im vorgeheizten Backofen bei 200 Grad (Gas 3, Umluft 12 Minuten bei 180 Grad) auf der 2. Einschubleiste von unten 15 Minuten dünsten.

6. Den Kabeljau mit einer Palette vorsichtig aus dem Sud heben und kurz auf einem Tuch abtropfen lassen.

7. Inzwischen die Senfsauce wieder erhitzen, die geschlagene Sahne dazugeben und in der Sauce schmelzen lassen. Den Fisch auf Tellern anrichten und mit der Sauce überziehen.

Dazu passen Blattspinat und Salzkartoffeln.

Zubereitungszeit: 3/4 Stunde
Pro Portion 35 g E, 48 g F, 5 g KH = 618 kcal (2583 kJ)

Gefüllte Seezungenröllchen in Artischockensud

Für 4 Portionen:
500 g Miesmuscheln
8 El Olivenöl
150 g Forellenfilet (entgrätet)
15 g Semmelbrösel
1 Eiweiß (Kl. L)
140 ml Schlagsahne
Salz
weißer Pfeffer (a. d. Mühle)
1 Spritzer Zitronensaft
100 g Schalotten
2 Knoblauchzehen
450 ml Weißwein
200 ml Fischfond (a. d. Glas)
2 Artischocken (à 500 g)
100 g kleine
weiße Champignons
30 g Kapern
250 g Tomaten
1 Bund Schnittlauch
8 große Seezungenfilets
(à 75 g)
Öl zum Bepinseln
Außerdem:
1 Eiswürfel
Holzstäbchen

1. Die Muscheln putzen und waschen, geöffnete aussortieren. 3 El Olivenöl in einem breiten Topf erhitzen. Die Muscheln hineingeben und den Topf sofort schließen. Die Muscheln 3–4 Minuten garen, bis sie sich geöffnet haben. Geschlossene Muscheln aussortieren! Die Muscheln etwas abkühlen lassen, das Fleisch aus den Schalen lösen und kühl stellen. Den Muschelsaft aufbewahren.

2. Das Forellenfilet sehr klein schneiden und mit Bröseln, Eiweiß, Sahne, Eiswürfel, Salz, Pfeffer und Zitronensaft in der Moulinette sehr fein pürieren und kalt stellen.

3. Die Schalotten pellen, in Scheiben schneiden und mit dem durchgepreßten Knoblauch in 3 El Olivenöl kurz andünsten. Mit Weißwein, Fischfond und Muschelsud auffüllen, salzen, pfeffern und einmal aufkochen lassen.

4. Von den Artischocken die Stiele abdrehen. Die Blätter um den Boden herum abschneiden, das Heu aus dem Boden mit einem Kugelausstecher oder einem Teelöffel herauslösen.

5. Die Artischockenböden jeweils in 8–10 Spalten schneiden und sofort in den Weinsud legen. Artischocken ca. 15 Minuten im leise kochenden Sud garen. Dann die geputzten Champignons dazugeben. Den Topf von der Herdplatte ziehen.

6. Die Kapern abtropfen lassen. Die Tomaten kreuzweise einritzen, kurz in kochendes Wasser geben, abschrecken, häuten, entkernen und in Stücke schneiden.

7. Schnittlauch in feine Röllchen schneiden. Die Hälfte der Muscheln gut trockentupfen und mit der Hälfte vom Schnittlauch unter die Farce mischen.

8. Die Seezungenfilets mit der weißen Seite auf die Arbeitsfläche legen, salzen und pfeffern. Die Farce mit einem Messer gleichmäßig daraufstreichen. Die Filets fest zusammenrollen und mit kleinen Holzstäbchen zusammenstecken, die Farce an den Seiten glattstreichen.

9. Die Röllchen aufrecht in eine feuerfeste Form setzen. Artischockensud und Kapern dazugeben. Die Röllchen mit einem leicht geölten Pergamentpapier belegen.

10. Röllchen im vorgeheizten Backofen bei 200 Grad (Gas 3, Umluft nicht empfehlenswert) auf der 2. Einschubleiste von unten 15–18 Minuten garen.

11. Etwa 4 Minuten vor Ende der Garzeit die Tomaten und die restlichen Muscheln dazugeben. Die Seezungenröllchen mit restlichem Olivenöl beträufeln und mit restlichem Schnittlauch bestreuen.

Dazu paßt Baguette.

Zubereitungszeit: 2 Stunden
Pro Portion 46 g E, 36 g F, 16 g KH = 617 kcal (2589 kJ)

Matjes in Honig-Vinaigrette

Für 4 Portionen:
300 g dicke Bohnen (ausgelöst)
Salz
2 Tl Tannenhonig
4 Tl Estragonsenf
1 Tl unbehandelte Orangenschale (abgerieben)
Pfeffer (a. d. Mühle)
2 El Zitronensaft
5 El Öl
3 Zweige Dill
8 Matjesfilets

1. Die Bohnen in Salzwasser 5 Minuten kochen, abschrekken, aus den Häuten lösen.

2. Honig, Senf, Orangenschale, Salz, Pfeffer, Zitronensaft, 4 El Wasser und Öl zu einer Vinaigrette verrühren.

3. 1 Dillzweig hacken und mit den Bohnen unter die Sauce mischen.

4. Die Matjesfilets auf 4 Tellern anrichten, die Sauce darüber verteilen und mit dem restlichen Dill garnieren.

Zubereitungszeit: 25 Minuten
Pro Portion 35 g E, 49 g F, 14 g KH = 635 kcal (2657 kJ)

Ganzer Kabeljau mit Kartoffeln und Schalotten

Für 4–6 Portionen:
500 g Schalotten
1 kg junger Porree
1,5 kg kleine Kartoffeln (festkochend)
2,5 kg Kabeljau mit Kopf (vom Händler ausgenommen)
Salz
weißer Pfeffer (a. d. Mühle)
3 El Zitronensaft
375 g Butter
1 Bund glatte Petersilie

1. Die Schalotten pellen. Den Porree putzen und gründlich waschen. Die hellgrünen und weißen Teile in 5 cm lange Streifen schneiden. Die Kartoffeln schälen.

2. Schalotten und Kartoffeln in kochendem Wasser 7 Minuten blanchieren. Porree nach 4 Minuten dazugeben. Danach alle Gemüse in ein Sieb schütten und abtropfen lassen.

3. Den Kabeljau kalt abspülen und trockentupfen. Die Kiemen herausschneiden. Rükkenflossen und die seitlichen Flossen abschneiden. Den Fisch von innen und außen mit Salz und Pfeffer würzen und mit Zitronensaft einreiben. Die Butter zerlassen.

4. Den Fisch in die Mitte der Saftpfanne setzen. Gemüse und Kartoffeln rund um den Fisch herum verteilen und mit Salz und Pfeffer würzen. Den Kabeljau und das Gemüse mit der zerlassenen Butter begießen.

5. Kabeljau und Gemüse im vorgeheizten Backofen bei 220 Grad (Gas 3–4, Umluft 220 Grad) auf der untersten Einschubleiste 25–30 Minuten garen. Den Fisch dabei öfter mit dem Bratfett begießen.

6. Die Petersilie grob hacken und über Fisch und Gemüse streuen.

Zubereitungszeit: 1 1/4 Stunden
Pro Portion (bei 6 Portionen) 63 g E, 54 g F, 40 g KH = 931 kcal (3894 kJ)

SCHALEN- UND KRUSTENTIERE

Hummer, Langusten und Krebse sind der Inbegriff für festliche, edle Essen: Die aromatischen Meerestiere schmecken solo, überbacken oder in feiner Sauce. Nicht so luxuriös, aber genauso köstlich sind Miesmuscheln im Weißweinsud, Tintenfische im Eintopf und Riesengarnelen in Curry-Tomaten-Sauce.

__1.__ Die Riesengarnelen aus den Schalen brechen. Die Rücken der Garnelen längs einschneiden und die Därme herausziehen.

__2.__ Die Garnelen von beiden Seiten im heißen Öl portionsweise anbraten.

__3.__ Die Garnelen auf die Curry-Tomaten-Sauce geben, mit Koriander würzen.

Schnell, leicht und frisch: gebratene Riesengarnelen mit scharfer Curry-Tomaten-Sauce. Rezept Seite 78

ALLES ÜBER SCHALEN- UND KRUSTENTIERE

Garnelen in Curry-Tomaten-Sauce

Zum Foto auf Seite 76

Für 4 Portionen:
12 Riesengarnelenschwänze (à 40 g)
2 Zwiebeln
2–3 Knoblauchzehen
3 El Öl
1–2 El Currypulver
200 ml Tomatenpüree mit Stücken (a. d. Packung)
300 g Kirschtomaten
Salz
Pfeffer (a. d. Mühle)
1/2 Bund Koriander

1. Die Riesengarnelen aus den Schalen brechen. Die Rücken der Garnelen mit einem Messer längs einschneiden und die Därme herausziehen (siehe Seite 76).

2. Die Zwiebeln und den Knoblauch pellen, Zwiebeln halbieren. Beides in dünne Scheiben schneiden.

3. Das Öl in einer Pfanne erhitzen. Die Garnelen darin portionsweise bei mittlerer Hitze von jeder Seite 1–2 Minuten braten, herausnehmen.

4. Die Zwiebel- und Knoblauchscheiben ins Bratfett geben und darin andünsten. Den Curry dazugeben und kurz anschwitzen.

5. Das Tomatenpüree in die Pfanne geben und 5 Minuten einkochen lassen.

6. Inzwischen die Kirschtomaten waschen und halbieren. Zum Tomatenpüree geben und einmal kräftig aufkochen lassen. Mit Salz und Pfeffer würzen.

7. Die Garnelen in die Pfanne geben und kurz erhitzen. Die Garnelenpfanne mit abgezupften Korianderblättern bestreuen.

Dazu paßt Baguette.

Zubereitungszeit: 1/2 Stunde
Pro Portion 18 E, 9 g F, 10 g KH = 200 kcal (839 kJ)

Muscheln vorbereiten

Austern, Mies-, Venus- und Jakobsmuscheln sind wegen ihres üppigen Eiweißgehaltes leicht verderblich. Deshalb sollten sie frisch zubereitet werden. Vor dem Garen müssen Mies- und Venusmuscheln gründlich gewaschen werden, um vorhandenen Sand zu entfernen.

Am häufigsten werden die blauschwarzen Miesmuscheln zubereitet. Sie haben Hauptsaison von September bis April. In der warmen Jahreszeit laichen die Muscheln und haben kein so aromatisches und festes Fleisch. Frische, rohe Mies- und Venusmuscheln müssen geschlossen sein. Bereits geöffnete sind ungenießbar und müssen aussortiert werden. Nach dem Garen ist es anders herum: Noch geschlossene Muscheln entfernen, denn nur geöffnete sind eßbar.

***1.** Die Muscheln 30 Minuten in kaltem Salzwasser wässern. Geöffnete Muscheln aussortieren. Muscheln mit einer Bürste gründlich putzen. Muschelbärte abbürsten oder abzupfen.*

***2.** Geschlossene Muscheln nach dem Garen aussortieren. Zum Essen von Muscheltöpfen das Muschelfleisch einfach mit einer Muschelschale aus den gegarten Muscheln ziehen.*

Austern öffnen

Es erfordert Kraft und etwas Übung, um an das Innere der teuren Delikatesse zu gelangen. Austern werden meistens ***roh aus der Schale gegessen****. Sie schmecken aber auch pochiert, gedünstet, gebraten oder fritiert. Bei einer Lagerung bei 5–10 Grad bleiben Austern frisch. Die Edel-Muscheln werden* ***ganzjährig*** *angeboten und müssen lichtdicht verpackt sein, damit sie sich nicht von selbst öffnen.*

***1.** Die Auster mit der tiefen Seite nach unten zwischen ein Küchentuch legen, die Muschel festhalten. Das Austernmesser zwischen die beiden Muschelhälften bohren.*

***2.** Durch das kräftige Hin- und Herdrehen des Austernmessers die Muschel öffnen und aufklappen. Da Austern eine rauhe Außenschale haben, schützt ein Küchentuch vor Verletzung.*

***3.** Das Austernfleisch ist in der Mitte fest mit der Schale verwachsen. Mit dem Austernmesser wird es von der Schale gelöst. Die Auster dann roh essen oder garen.*

SCHALENTIERE

Mies-, Venus- und Jakobsmuscheln, Austern und Schnecken zählen zu den Schalentieren, auch Weichtiere genannt. Unter der kalkhaltigen harten Schale verbirgt sich muskulöses, aromatisches, eiweißreiches, fett- und kalorienarmes Fleisch. Zur Familie der Weichtiere gehören auch Tintenfische (Kalmare).

KRUSTENTIERE

Sie werden auch als Krebstiere bezeichnet: Hummer, Languste, Krebse, Kaisergranat (Scampi) und Garnelen. Vor dem Garen sehen sie bräunlich aus, nach dem Kochen appetitlich rot. Je frischer das Fleisch der Krustentiere zubereitet wird, desto besser schmeckt es. Ein Großteil dieser Tiere kommt tiefgefroren und bereits gekocht auf den Markt.

Hummer aufbrechen

1. *Den fleischhaltigen Schwanz durch leichtes Drehen und gleichzeitiges Ziehen vom mächtigen Kopf lösen.*

2. *Die Unterseite des Schwanzes mit einer Schere am linken und rechten Rand aufschneiden und wie einen Deckel hochklappen.*

3. *Das Schwanzfleisch aus dem Panzer lösen. Die Rückenseite längs einschneiden und den ungenießbaren Darm herausziehen.*

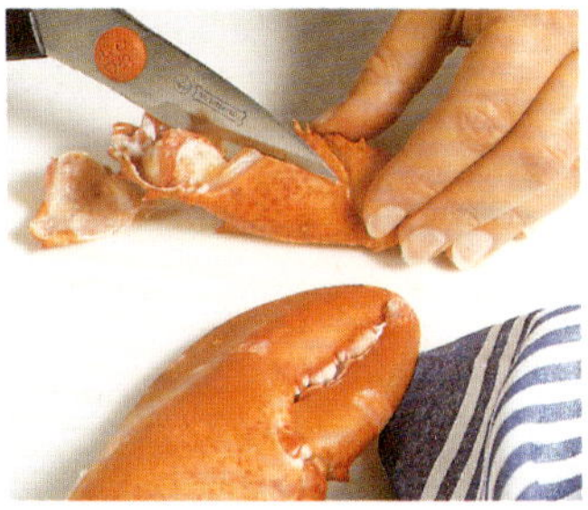

4. *Die Glieder, die Körper und Scheren verbinden, abdrehen, mit der Schere anschlagen und aufschneiden. Das Fleisch herauslösen.*

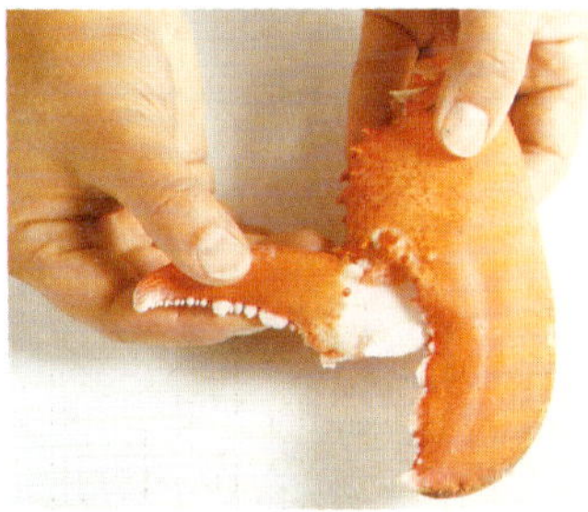

5. *Das kleine Glied der Schere kräftig gegen die große Schere drehen, abknicken und aus der großen Schere herausziehen.*

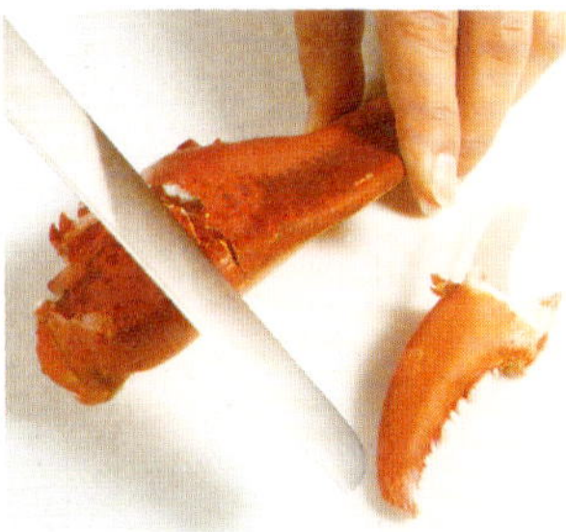

6. *Um an das Fleisch in der Schere zu gelangen, den Panzer mit einem Messer anschlagen und das Fleisch vorsichtig herausziehen.*

Flußkrebse aufbrechen

1. *Den Kopf des Krebses festhalten. Den Schwanz durch Drehen vom Kopf trennen.*

2. *Die Unterseite des Schwanzes auseinanderdrücken, das Rückenfleisch auslösen und entdarmen.*

3. *Die Scherengelenke abdrehen und den oberen Teil abziehen. Das Fleisch herausziehen.*

4. *Den Panzer mit einer Hummerschere knacken. Die Scherenhälften abziehen, das Fleisch auslösen.*

KAVIAR

Hummer, Langusten, Scampi und Austern genießt man vorwiegend zu besonderen Anlässen. Zu den luxuriösen Lebensmitteln gehört auch Kaviar. Den besten Rogen, Fischeier, liefert die Störfamilie. Der teuerste aller Kaviarsorten ist der großkörnige **Beluga-Kaviar**. Er stammt von der größten Störart. Von kleineren Stören wird ***Sevruga- und Osietra-Kaviar*** gewonnen. Der orangefarbene, perlengroße ***Keta-Kaviar*** stammt vom Lachs. Kleiner und hellorange sieht ***Forellen-Kaviar*** aus. ***Deutscher Kaviar*** vom Seehasen ist preiswert, salzig und eingefärbt.

Tintenfische

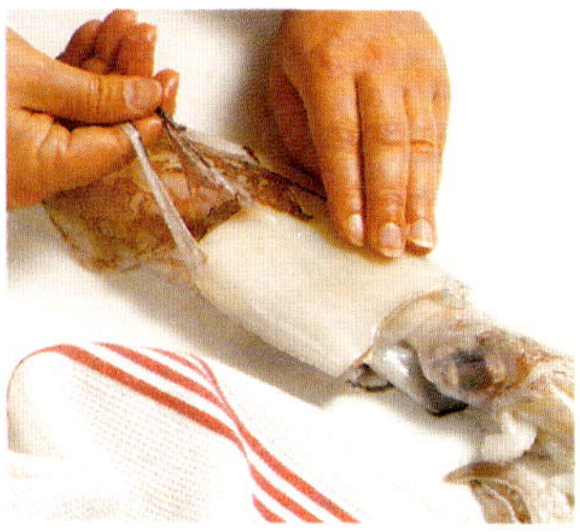

1. *Zur Vorbereitung von Tintenfischen die Weichtiere waschen. Die gescheckte Außenhaut mit den Händen abziehen.*

2. *Die Fangarme aus dem Körper ziehen. Damit sie verbunden bleiben, werden sie über den Augen abgeschnitten.*

3. *Die Kauwerkzeuge aus der Mitte der Fangarme herausdrücken, vor allem den ungenießbaren Zahn.*

4. *Das durchsichtige Fischbein (Chitinteile) aus dem Körper ziehen. Fangarme und Körper waschen und trockentupfen.*

SCHALEN- UND KRUSTENTIERE

Riesengarnelen mit Knoblauch und Chillies

Für 4 Portionen:
12 Knoblauchzehen
12 rohe Riesengarnelen (ohne Kopf, in der Schale, à 100 g)
16 El Olivenöl (ca. 160 ml)
12 kleine rote Chilischoten
Salz
1 Bund glatte Petersilie (grob gehackt)
1 Zitrone (in Spalten)

1. Die Knoblauchzehen pellen und der Länge nach vierteln.

2. Die Riesengarnelen ungeschält entdarmen. Dazu den ersten Ring des Panzers lösen, das Fleisch auf dem Rükken der Garnele einschneiden und den schwarzen Faden (Darm) herausziehen.

3. In 4 feuerfeste Tonschalen jeweils 4 El Olivenöl, 1/4 der Knoblauchspalten und 3 Chilischoten füllen. Leicht salzen. Die Tonschalen im vorgeheizten Backofen bei 200 Grad (Gas 3, Umluft nicht empfehlenswert) ca. 10–15 Minuten erhitzen, bis das Öl siedet. Jeweils 3 Riesengarnelen darin ca. 6–8 Minuten garen.

4. Die Tonschalen herausnehmen. Die Garnelen wenden, mit Petersilie bestreuen, mit Zitronensaft beträufeln und sofort servieren.

Dazu passen knuspriges Baguette und trockener Weißwein.

Vorsicht: Chilischoten nicht mitessen! Sie sollen nur ihre Schärfe abgeben.

Zubereitungszeit: 40 Minuten
Pro Portion 31 g E, 43 g F, 7 g KH = 537 kcal (2246 kJ)

***Tip:* Sie können auch alle Garnelen zusammen in einer großen Pfanne zubereiten.**

Miesmuscheln in Weißweinsud

Für 4 Portionen:
2 kg Miesmuscheln
Salz
4–6 Zwiebeln
4–6 El Öl
Schale von 1 Zitrone (unbehandelt, dünn abgeschält)
2 Lorbeerblätter
1/2 l Riesling (trocken)
Pfeffer (a. d. Mühle)
Zucker
4 Zweige Dill

1. Geöffnete Miesmuscheln aussortieren. Die Muscheln 30 Minuten in kaltem Salzwasser wässern.

2. Die Muscheln waschen, bürsten und, falls vorhanden, die Muschelbärte entfernen.

3. Die Zwiebeln pellen und in Ringe schneiden. Das Öl in einem großen Topf erhitzen, Zitronenschale, Lorbeer, Zwiebeln und Muscheln dazugeben und mit Weißwein ablöschen. Mit Salz, Pfeffer und 1 Prise Zucker würzen.

4. Die Muscheln 4–5 Minuten im geschlossenen Topf kochen lassen, bis die Muscheln sich geöffnet haben. Dabei den Topf mehrmals schütteln. Geschlossene Muscheln aussortieren. Muscheln mit abgezupftem Dill bestreuen.

Zubereitungszeit: 40 Minuten
Pro Portion 10 g E, 11 g F, 7 g KH = 174 kcal (727 kJ)

SCHALEN- UND KRUSTENTIERE

Hummer mit Limetten-Chili-Butter

Für 4 Portionen:
1 Bund Suppengrün
Salz
2 El Kümmelkörner
2 Hummer (à ca. 800 g)
600–800 g kleine Kartoffeln
Pfeffer (a. d. Mühle)
2 rote Chilischoten
2 Limetten
150 g Butter
Dekoration:
1 kleiner Radicchio
1 Bund glatte Petersilie
2 Limetten
3 rote Chilischoten

1. Das Suppengrün putzen und in Stücke schneiden. In einem großen Topf reichlich Salzwasser mit Kümmel und dem Suppengrün zum Kochen bringen.

2. Die Hummer mit dem Kopf zuerst in das kochende Wasser geben und zugedeckt 2–3 Minuten kochen lassen.

3. Die Hummer mit einer Schaumkelle herausnehmen und ein paar Minuten auskühlen lassen.

4. Die Kartoffeln in der Schale in Salzwasser 15–20 Minuten kochen.

5. Die Hummer mit einem großen Messer vom Kopf aus längs halbieren. Unter fließendem Wasser alle Teile aus dem Kopf, dann den Darm entfernen. Die Scheren und die Gelenke ausbrechen und in das Kopfgehäuse legen. Die Hummerhälften nebeneinander in eine feuerfeste Form legen. Mit Salz und Pfeffer würzen.

6. Für die Limetten-Chili-Butter die Chilischoten halbieren, entkernen und in kleine Würfel schneiden. Die Limetten wie einen Apfel schälen, Limetten filieren und dabei den Saft auffangen.

7. Die Butter in einem Topf zerlassen, einmal aufschäumen, die Chiliwürfel mit den Limettenfilets und dem Saft dazugeben. Gleichmäßig über dem Hummerfleisch verteilen.

8. Den Hummer unter dem Grill auf der 2. Einschubleiste von unten 5 Minuten grillen, bis die Butter eine goldgelbe Farbe hat. Kartoffeln pellen.

9. Hummer und Kartoffeln auf einer großen Platte mit Radicchio- und Petersilienblättern, Limettenspalten und halbierten, entkernten Chilischoten servieren.

Zubereitungszeit: 50 Minuten
Pro Portion 26 g E, 34 g F, 21 g KH = 515 kcal (2155 kJ)

Tintenfische mit Bohnen

Für 4–6 Portionen:
350 g dicke weiße Bohnen (getrocknet)
8 El Olivenöl
1 Zweig Salbei
1 Zweig Rosmarin
8 Knoblauchzehen (durchgepreßt)
Meersalz
750 g kleine Tintenfischtuben (geputzt)
1 Dose geschälte Tomaten (EW 800 g)

100 g Staudensellerie
100 ml Weißwein (trocken)
Salz
schwarzer Pfeffer
(a. d. Mühle)
1 Zweig Basilikum

1. Die Bohnen mit 5 El Olivenöl, Salbei, Rosmarin, 4 Knoblauchzehen, Meersalz und etwa 3 l Wasser 1 1/2 Stunden zugedeckt bei milder Hitze kochen lassen.

2. Von den Tintenfischen die hauchdünne Haut soweit wie möglich abziehen und den Chitinstreifen herausziehen. Tintenfischfleisch in 1/2 cm dicke Streifen schneiden, mit dem restlichen Olivenöl und 2 Knoblauchzehen mischen.

3. Die Tomaten auf einem Sieb über einer Schüssel abtropfen lassen. Tomaten grob zerkleinern. Vom Staudensellerie die Blätter abzupfen und beiseite stellen. Sellerie putzen und in 1/2 cm dicke Scheiben schneiden.

4. Die Bohnen nach Ende der Garzeit in ein Sieb gießen und das Kochwasser auffangen. Die Bohnen mit 1,2 l Kochwasser zurück in den Topf geben. Tomaten mit Saft, Sellerie, Weißwein und restlichem Knoblauch dazugeben und noch 20 Minuten leise im offenen Topf kochen lassen. Salzen und pfeffern.

5. Das Basilikum fein hacken. Die Tintenfische mit dem Öl in einer großen Pfanne bei starker Hitze gleichmäßig verteilen und etwa 1 Minute braten. Basilikum und Sellerieblätter dazugeben und alles unter die Bohnen mischen. Sofort servieren.

Zubereitungszeit: 2 Stunden
Pro Portion (bei 6 Portionen) 36 g E, 16 g F, 29 g KH = 411 kcal (1720 kJ)

SCHALEN- UND KRUSTENTIERE

Venusmuschel-Minestrone

Für 4 Portionen:
1,5 kg frische Venusmuscheln
40 g durchwachsener Speck (in Scheiben)
100 g Schalotten
3 Knoblauchzehen
150 g Erbsen (TK)
150 g Knollensellerie
150 g Weißkohl
250 g Porree
300 g Tomaten
6 El Olivenöl
1 El Tomatenmark
400 ml Hummerfond (a. d. Glas)
Salz
weißer Pfeffer (a. d. Mühle)
1 kleines Bund Basilikum

1. Venusmuscheln nach dem Einkauf sofort mit reichlich kaltem Wasser bedecken, das Wasser mehrmals erneuern.

2. Speck fein würfeln, Schalotten und Knoblauch pellen und ebenfalls fein würfeln.

3. Die Erbsen auftauen lassen. Sellerie schälen, zuerst in dünne Scheiben, dann in kleine schräge Stücke schneiden. Weißkohl putzen und in feine Streifen schneiden. Den Porree putzen, waschen und das Weiße und Hellgrüne in kleine Würfel schneiden.

4. Die Stielansätze der Tomaten herausschneiden, Tomaten über Kreuz einritzen, kurz in kochendes Wasser tauchen, abschrecken, häuten, entkernen und grob würfeln.

5. Den Speck in 3 El Olivenöl knusprig auslassen. Schalotten, Knoblauch, Weißkohl und Sellerie darin andünsten. Tomatenmark unterrühren. Mit Hummerfond und 600 ml Wasser auffüllen, salzen und pfeffern.

6. Die Suppe ungefähr 15 Minuten bei milder Hitze kochen lassen. Dann Porree, Tomaten und Erbsen dazugeben und weitere 5 Minuten garen.

7. Die Basilikumblätter fein schneiden. Die Venusmuscheln in ein Sieb schütten und unter reichlich fließendem kalten Wasser abspülen, geöffnete und beschädigte Muscheln aussortieren.

8. Das restliche Olivenöl in einem großen Topf stark erhitzen, die Muscheln dazugeben. Den Topf sofort mit einem Deckel verschließen und die Muscheln 3–4 Minuten darin garen, bis sie sich geöffnet haben. Muscheln in einem Sieb abtropfen lassen und den Fond auffangen, geschlossene Muscheln aussortieren.

9. Die Muscheln mit dem Fond und dem Basilikum in die heiße Suppe geben, eventuell mit Salz und Pfeffer nachwürzen. In einer vorgewärmten Schale servieren.

Dazu paßt italienisches Brot, das mit Knoblauch und Parmesan geröstet wird.

Zubereitungszeit: 1 Stunde
Pro Portion 13 g E, 23 g F, 13 g KH = 323 kcal (1353 kJ)

Spargelragout mit Krebsen

Für 4 Portionen:
750 g möglichst kleine neue Kartoffeln
40 g Butter oder Margarine
10 g Krebspaste (a. d. Dose)
30 g Mehl
400 ml Hühnerbrühe (Instant)
200 ml Schlagsahne
Salz
weißer Pfeffer (a. d. Mühle)
750 g Spargel
1 kleine Knoblauchzehe
24 Flußkrebse (TK)
etwas Zitronensaft
etwas Worcestershiresauce
1 Bund glatte Petersilie

1. Die Kartoffeln unter fließendem Wasser abbürsten und vierteln.

2. Butter oder Margarine mit der Krebspaste in einem breiten Topf leicht aufschäumen lassen. Kartoffeln darin rundherum andünsten. Mehl darüberstäuben, gut durchrühren und anschwitzen lassen.

3. Die Hühnerbrühe langsam dazugießen, dabei kräftig rühren. Die Sahne dazugießen, mit Salz und Pfeffer würzen. Die Kartoffeln zugedeckt bei milder Hitze 30 Minuten garen, dabei gelegentlich umrühren.

4. Den Spargel schälen und in mundgerechte Stücke schneiden. Spargelköpfe beiseite legen. Spargelstücke nach 15 Minuten unter die Kartoffeln rühren. Spargelköpfe 5 Minuten später dazugeben. Den Knoblauch pürieren und in das Ragout rühren.

5. Die Krebse für 2–3 Minuten portionsweise in sprudelnd kochendes Wasser geben, herausnehmen, das Schwanzfleisch ausbrechen, die Därme entfernen.

6. Das Ragout mit Zitronensaft und Worcestershiresauce würzen. Die Krebsschwänze hineingeben und 5 Minuten darin durchziehen lassen. Die Petersilie hacken und über das Ragout streuen.

Zubereitungszeit: 1 Stunde
Pro Portion 13 g E, 27 g F, 33 g KH = 435 kcal (1820 kJ)

KARTOFFELN

Sie sind viel zu schade, um nur als Salzkartoffeln zu Fisch und Fleisch gegessen zu werden. Dabei lassen sich Kartoffeln auf vielseitige Weise braten, backen, füllen, kochen und fritieren. Probieren Sie Kartoffelpfanne mit Kirschtomaten, Kartoffelcurry mit Äpfeln und Kartoffel-Kichererbsen-Salat!

__1.__ Die kleinen Kartoffeln gründlich waschen und in Salzwasser mit Lorbeerblättern halb gar kochen.

__2.__ Kartoffeln, Schalotten und ungepellten Knoblauch goldgelb braten.

__3.__ Tomaten, Cabanossi und Kräuter zu den Kartoffeln geben und 5 Minuten mitbraten.

Freude für Gaumen und Augen: Kartoffelpfanne mit Kirschtomaten und Schalotten, serviert mit Spiegelei. Rezept Seite 88

ALLES ÜBER KARTOFFELN

Kartoffelpfanne mit Kirschtomaten und Schalotten

Zum Foto auf Seite 86

Für 4 Portionen:
1 kg Kartoffeln (festkochend, sehr klein)
Salz
2 Lorbeerblätter
300 g Kirschtomaten
200 g Schalotten
200 g Cabanossi
5 El Olivenöl
8 Knoblauchzehen
Pfeffer (a. d. Mühle)
4 kleine Zweige Salbei
4 kleine Zweige Thymian

1. Die Kartoffeln gründlich waschen und in Salzwasser mit Lorbeerblättern halb gar kochen, abgießen und noch warm pellen.

2. Die Kirschtomaten waschen und abtropfen lassen. Die Schalotten pellen und vierteln. Die Cabanossi in dünne Scheiben schneiden.

3. Das Olivenöl in einer großen Pfanne erhitzen. Kartoffeln, Schalotten und ungepellten Knoblauch unter gelegentlichem Wenden 20 Minuten zugedeckt braten. Mit Salz und Pfeffer würzen.

4. Salbei und Thymian von den Stielen zupfen und 5 Minuten vor Ende der Garzeit mit Tomaten und Cabanossischeiben in die Pfanne geben.

Dazu paßt Spiegelei.

Zubereitungszeit: 40 Minuten
Pro Portion 15 g E, 28 g F, 35 g KH = 454 kcal (1902 kJ)

Kartoffelsorten

Kartoffel ist nicht gleich Kartoffel: Auf dem Markt gibt es rund 130 verschiedene Sorten. Meistens werden sie nur regional angebaut. Es gibt frühe, mittelfrühe und späte Sorten. Kartoffeln sind gesund: Sie sind reich an Ballaststoffen und Kohlenhydraten, enthalten hochwertiges Eiweiß, wenig Fett und Kalorien – nur 70 pro 100 g –, Kalium, Vitamin B_1

Damit Bratkartoffeln kroß und Kartoffelpürees cremig werden, muß die richtige Kartoffelsorte verwendet werden. Kartoffeln sind in drei Typen eingeteilt: in festkochende, vorwiegend festkochende und mehligkochende. Festkochende Kartoffeln eignen sich für Salate, Salz- und Bratkartoffeln. Für Pürees und Klöße sind mehligkochende Kartoffeln wegen ihres höheren Stärkegehaltes geeigneter. Vorwiegend festkochende Kartoffeln können für jedes Gericht verwendet werden, sie nehmen die Position ein zwischen festkochender und mehligkochender Kartoffel. Beliebte Sorten sind:

***Bintje** schmeckt als Püree, Pellkartoffel oder fritiert. Die holländische Kartoffel ist leicht mehligkochend.*

***Prinzeß** ist für Eintöpfe, Pürees und Klöße ideal, weil sie mehligkochend ist.*

***Maja** hat einen kräftigen Geschmack, ist vorwiegend festkochend und läßt sich vielseitig zubereiten.*

***Sieglinde** ist festkochend, gelb, fein-aromatisch und die beliebteste Frühkartoffel. Je nach Bodenbeschaffenheit unterscheiden sich gleiche Kartoffelsorten stark durch Form und Farbe.*

***Désirée** fällt auf durch ihre rote Schale. Sie wird hauptsächlich in Süddeutschland angebaut und ist vorwiegend festkochend.*

***Hansa** ist festkochend und in Norddeutschland beliebt.*

***Hörndl** ist festkochend, dünn, lang und ideal für Bratkartoffeln und Salate.*

Vor dem Kochen

Kartoffeln sind am schnellsten mit einem Sparschäler geschält. Für Pellkartoffeln oder junge Kartoffeln braucht die Schale nur gut gebürstet zu werden. Die dünne Haut von jungen Kartoffeln ist eßbar. Gekochte Pellkartoffeln kurz unter kaltem Wasser abspülen und noch heiß pellen.

Kartoffeln schälen

Kartoffeln bürsten

Kartoffeln braten

Gebratene Kartoffeln schmecken aus rohen oder gekochten Kartoffeln, aus geriebenen oder geraspelten. Zum Braten eignen sich am besten festkochende Kartoffeln wie Désirée, Linda und Hansa, sie zerfallen nicht und haben noch etwas Biß. Das Fett muß hocherhitzbar sein, geeignet sind Öl und Butterschmalz.

Bratkartoffeln werden am häufigsten aus ***gekochten Pellkartoffeln*** *zubereitet. Die Kartoffeln bei mittlerer Hitze goldbraun braten. Zwiebeln erst später dazugeben, damit sie nicht verbrennen.*

Aus ***rohen Kartoffeln*** *zubereitete Bratkartoffeln sind herrlich kroß. Die Pfanne darf nicht zu voll gefüllt werden, damit die Kartoffelspalten, -scheiben oder -würfel gleichmäßig gar werden.*

Kartoffelpuffer *schmecken solo, mit süßer oder pikanter Beilage. Der Kartoffelteig (500 g geriebene Kartoffeln, 1 El Mehl, 2 Eier) wird erst gewendet, wenn die Unterseite des Puffers goldgelb ist.*

Rösti *werden aus rohen oder gekochten, grob geraspelten Kartoffeln zu einem Fladen geformt, mit etwas Sahne oder Milch beträufelt und bei milder Hitze ganz langsam beidseitig gebraten.*

Kartoffeln aus dem Ofen

Die Vielfalt, Kartoffeln im Backofen zu garen, ist groß: Sie schmecken halbiert mit Kräutern und Gewürzen bestreut, aus einem Kartoffelteig zubereitet, in Sahne gegart oder in Papier oder Folie gewickelt.

Die Basis für ***Herzogin-Kartoffeln*** *oder* ***Pommes Duchesse*** *ist Kartoffelpüree. Es wird mit 2 Eigelb und 20 g Butter verfeinert. Die Masse häufchenweise auf ein gefettetes Backblech spritzen, mit etwas verquirltem Eigelb bestreichen und 5 Minuten bei 200 Grad (Gas 3) goldgelb backen. Die Kartoffelplätzchen passen gut zu feinen Gerichten.*

Blechkartoffeln *lassen sich mit Kümmel, Sesam, Senfkörnern, grobem Salz, Thymian und Rosmarin würzen. Die gebürsteten Kartoffeln halbieren und mit den Schnittflächen nach oben oder unten auf ein gefettetes Backblech setzen. Damit die Kartoffeln nicht austrocknen, werden sie eingeölt. Nach 35–45 Minuten bei 225 Grad (Gas 4) sind die Kartoffeln gar. Große in geölte Alufolie oder geöltes Pergamentpapier gewickelte* ***Backkartoffeln*** *garen 15 Minuten länger.*

Kartoffelgratin *schmeckt zu saucenlosen Fleisch-, Fisch- oder Gemüsegerichten. Die rohen, dünnen Kartoffelscheiben werden dachziegelartig in eine gefettete Gratinform geschichtet und bis unter die oberste Schicht mit Sahne begossen. Den Gratin nach Belieben mit geraspeltem Käse bestreuen und 35–45 Minuten bei 200–225 Grad (Gas 3–4) goldgelb backen.*

Herzogin-Kartoffeln

Blechkartoffeln

Kartoffelgratin

Kartoffelstifte

Für Pommes frites lassen sich die Kartoffeln am einfachsten und schnellsten mit dem Spezialmesser des Universalhobels in Stifte teilen. Wichtig: Immer mit dem Fingerschutz arbeiten, damit Sie sich nicht verletzen.

ALLES ÜBER KARTOFFELN

Geriebene Kartoffeln ausdrücken

Kartoffeln und Stärke verrühren

Klöße füllen und formen

Rund und gut: Kartoffelklöße

Für Kartoffelklöße nimmt man eine ***mehligkochende Kartoffelsorte****: Nur mit ihr werden Klöße locker, mürbe und fallen nicht auseinander.* ***Rohe Kartoffelklöße*** *bestehen nur aus Kartoffeln. Sie brauchen keine anderen Zutaten zum Binden wie Mehl oder Eier, weil die in den Kartoffeln enthaltene* ***Stärke*** *ausreicht. Rohe Kartoffelklöße werden aus* ***rohen und gekochten Kartoffeln*** *zubereitet: Die Kartoffeln schälen. Ein Drittel der Kartoffeln in Stücke schneiden und gar kochen. Die restlichen Kartoffeln in einer Küchenmaschine* ***fein reiben****, in ein Küchentuch geben und* ***kräftig ausdrücken.*** *Die Flüssigkeit in einer Schüssel auffangen, damit sich die darin enthaltene* ***Stärke setzen kann****. Das Kartoffelmus in einer Schüssel auflockern, die abgetropfte Stärke darübergeben, salzen. Die* ***gekochten Kartoffeln*** *mit Kochwasser zu einem Brei* ***pürieren*** *und kräftig aufkochen lassen. Die* ***kochendheiße Masse*** *über die Kartoffeln geben und so lange rühren, bis der* ***Teig bindet und glänzt.*** *Anschließend mit feuchten Händen eine Vertiefung in etwas Kloßmasse drücken, mit gerösteten Toastbrotwürfeln* ***füllen*** *und zu Kugeln* ***formen****. Die Klöße in* ***siedendes Wasser*** *geben und darin 20 Minuten* ***gar ziehen,*** *aber nicht kochen lassen. Wenn die Klöße an der* ***Oberfläche*** *schwimmen, sind sie gar. Mit einer Schaumkelle herausnehmen und abtropfen lassen. Ob man die Kartoffelbällchen nun Knödel oder Klöße nennt, sie schmecken als* ***Beilage*** *zu herzhaften Fleischgerichten mit Sauce, in die man die Klöße tunken kann (z. B. Sauer- oder Entenbraten und Wildragouts).*

Das Feinste: Kartoffelpüree

Cremiger kann kein Kartoffelgericht sein als feines Püree: Die gekochten, ***mehligkochenden Kartoffeln*** *werden zerdrückt und mit heißer* ***Milch oder Sahne*** *zu einer lockerluftigen Masse verrührt. Dazu die Kartoffeln wie* ***Salzkartoffeln*** *kochen, abgießen, dämpfen und heiß durch die* ***Kartoffelpresse*** *drücken oder zerstampfen. Milch oder Sahne mit einem Stückchen Butter aufkochen und nach und nach mit dem Schneebesen* ***kurz und kräftig*** *unter die Masse schlagen. Wird Püree zu lange gerührt, kann es zäh werden. Klassische Gewürze sind Salz und frisch geriebene Muskatnuß. Kartoffelpüree läßt sich aber auf vielerlei Weise* ***verfeinern****. Aroma liefern Kräuter, Käse, gebratene Speck-, Zwiebel- oder Knoblauchwürfel und Gemüse wie Spinat, Chicorée oder Sellerie.*

Daß Kartoffeln hier die Hauptrolle spielen, erkennt man nicht sofort: Die Kartoffelscheiben versinken in einer kräftigen Sauce – und sind ein Genuß zu Wurst-, Fleisch- und Eiergerichten.

Üppig: Béchamelkartoffeln

Hier gehen Kartoffeln eine harmonische Verbindung mit einer herzhaften Sauce ein, die aus einer ***Mehlschwitze*** *bereitet wird. Für 4 Portionen rechnet man 1 kg festkochende Kartoffeln und 1/2 l Sauce: Kartoffeln kochen, pellen und in Scheiben schneiden. Für die Sauce 1 Zwiebel würfeln und in 100 g durchwachsenen Speckwürfeln glasig dünsten. 30 g Mehl dazugeben und anschwitzen lassen. 1/4 l Milch und 1/4 l Brühe nach und nach dazugeben und 10 Minuten unter Rühren kochen lassen. Mit Salz, Pfeffer und etwas Sahne verfeinern. Die Kartoffelscheiben in die Sauce geben und darin heiß werden lassen.*

Suppe pürieren

Kartoffelsuppen werden besonders sämig und Cremesuppen sehr fein, wenn ein Teil oder die ganze ***Suppe püriert*** *wird. Das gelingt schnell und einfach mit einem Pürierstab oder im Mixer. Vorsicht: Es kann spritzen.*

PORTIONEN

Für 4 Portionen
rechnet man:
Salzkartoffeln: 1 kg
Pellkartoffeln: 1 kg
Kartoffelpüree: 1 kg
Kartoffelsalat: 800 g
Pommes frites: 700 g
Ein Viertel der Kartoffelmenge geht
durch Schälen verloren.

Kartoffelsalate

Die kalten Kartoffelgerichte schmecken würziger, wenn die gekochten Kartoffeln am besten am Vortag in einer ***würzigen Essigbrühe*** *(5 El Essig auf 1/4 l Brühe)* ***mariniert*** *werden. Die festkochenden kalten oder warmen Kartoffeln einfach in die warme Brühe schneiden: Die Kartoffelscheiben saugen die Flüssigkeit auf.*

Kartoffelchips

Für krosse Chips die Kartoffeln in Scheiben hobeln und trockentupfen. Fritierfett auf 180 Grad erhitzen und die Kartoffeln darin hellbraun backen, abtropfen lassen und – wichtig – nochmals ins Fett geben, abtropfen lassen, mit Salz und Paprika würzen.

Pommes frites

Die Kartoffeln mit dem Hobel oder einem Küchenmesser in Stäbchen schneiden und trockentupfen. Auch sie werden wie Chips zweimal fritiert, dann sind die Pommes frites außen knusprig und innen zart. Stäbchen gut abtropfen lassen.

Kroketten

Außen goldgelb und innen butterzart: Für Kroketten 500 g geschälte, gekochte Kartoffeln durchpressen, mit 2 Eigelb und 20 g Butter, Salz und Muskat verrühren. Geformten Teig durch verschlagenes Eiweiß ziehen, in Semmelbröseln wenden, fritieren.

Kartoffelstifte

Sie sind streichholzlang und -dünn und durch und durch knusprig. Mit dem Juliennemesser des Hobels sind die Stifte schnell geraspelt. Sie werden wie Chips zweimal fritiert, mit Salz gewürzt und passen zu Fisch und Fleisch.

Mandelbällchen

Die kleinen, dekorativen Kugeln passen zu feinen Wild-, Geflügel- und Fleischgerichten. Sie bestehen aus der gleichen Kartoffelmasse wie Kroketten, werden aber statt in Semmelbröseln in Mandelblättchen gewälzt und dann im Fett gebacken.

Béchamelkartoffeln mit Steinpilzen

Für 4 Portionen:
750 g kleine Kartoffeln
200 g kleine Schalotten
40 g Bacon (Frühstücksspeck)
2 El Öl
40 g Butter
20 g Mehl
400 ml Kalbsfond (a. d. Glas)
150 ml Schlagsahne
Salz
weißer Pfeffer (a. d. Mühle)
Muskatnuß (frisch gerieben)
250 g Steinpilze
1/2 Bund Basilikum

1. Die Kartoffeln schälen und vierteln, die Schalotten pellen. Den Frühstücksspeck in feine Streifen schneiden und in 1 El Öl knusprig ausbraten. Mit der Schaumkelle aus dem Fett heben, abtropfen lassen und auf Küchenpapier legen.

2. Die Butter im Speckfett schmelzen, die Kartoffeln und die Schalotten darin 5 Minuten rundherum andünsten. Mit Mehl bestäuben und anschwitzen.

3. Den Fond und 100 ml Sahne dazugießen, dabei kräftig umrühren und aufkochen. Mit Salz, Pfeffer und Muskat würzen. Bei milder Hitze 15 Minuten kochen, dabei ab und zu umrühren.

4. Inzwischen die Steinpilze putzen und grob würfeln. Im restlichen, sehr heißen Öl 2 Minuten rundherum kräftig braten, mit Salz und Pfeffer würzen.

5. Die restliche Sahne steif schlagen, die Basilikumblätter grob zerpflücken. Zuerst die Sahne, dann die Steinpilze und das Basilikum locker unter die Kartoffeln heben. Mit Bacon bestreuen.

Zubereitungszeit: 1 Stunde
Pro Portion 8 g E, 33 g F, 30 g KH = 452 kcal (1887 kJ)

Kartoffel-Steckrüben-Gratin

Für 4 Portionen:
600 g Kartoffeln
600 g Steckrüben
Butter für die Form
Salz
Pfeffer (a. d. Mühle)
300 ml Schlagsahne
Muskatnuß (frisch gerieben)
400 g Zwiebeln
200 g Äpfel
3 El Öl
6 Stiele Majoran
2 Tl Semmelbrösel

1. Die Kartoffeln schälen und in 2–3 mm dünne Scheiben schneiden. Die Steckrüben schälen, vierteln und ebenfalls in 2–3 mm dünne Scheiben schneiden. Eine flache Auflaufform mit Butter einfetten.

2. Die Steckrüben und die Kartoffeln abwechselnd dachziegelartig in die Form legen. Mit Salz und Pfeffer würzen.

3. Die Sahne aufkochen, mit Salz, Pfeffer und Muskat würzen und 5 Minuten bei milder Hitze einkochen lassen. Die Sahne in die Form gießen.

4. Den Gratin im vorgeheizten Backofen bei 180 Grad (Gas 2–3, Umluft 160 Grad) auf der 2. Einschubleiste von unten insgesamt 35–40 Minuten backen.

5. Inzwischen die Zwiebeln pellen und würfeln. Die Äpfel schälen, vierteln, entkernen und in Würfel schneiden.

6. Zwiebeln und Äpfel in einer Pfanne im heißen Öl goldbraun braten. Majoranblättchen von den Stielen zupfen, fein hacken, die Äpfel und Zwiebeln damit würzen.

7. Den Gratin nach 25 Minuten aus dem Ofen nehmen. Apfel-Zwiebel-Masse auf dem Gratin verteilen, mit den Semmelbröseln bestreuen und in den restlichen 10–15 Minuten im Backofen fertiggaren.

Dazu paßt Salat.

Zubereitungszeit: 1 1/4 Stunden
Pro Portion 7 g E, 33 g F, 38 g KH = 480 kcal (2005 kJ)

Gefüllte Kartoffeln mit Petersilien-Speck-Salat

Für 4 Portionen:
Gefüllte Kartoffeln:
8 Kartoffeln (à 100–130 g)
150 g Pfifferlinge
100 g Champignons
50 g Schalotten
1 Knoblauchzehe
2 El Öl
Salz, Pfeffer (a. d. Mühle)
30 g Butter
1/8 l Schlagsahne
1 El glatte Petersilie (gehackt)
Muskatnuß (frisch gerieben)
Kräuterkruste:
1/2 Bund Majoran
1/2 Bund glatte Petersilie
30 g Butter (zimmerwarm)
1 Tl Semmelbrösel
Speck-Dressing:
100 g durchwachsener Speck
1 El Öl
150 ml Kalbsfond (a. d. Glas)
2 El Kartoffelmasse (von den gefüllten Kartoffeln)
Salz, Pfeffer (a. d. Mühle)
2 El Weißweinessig
5 El Traubenkernöl
1 El glatte Petersilie (gehackt)
Außerdem:
1/2 Kopf Eichblattsalat
1 Bund krause Petersilie
1 Bund glatte Petersilie

1. Kartoffeln waschen, halbhoch in Alufolie einwickeln, im vorgeheizten Backofen bei 180 Grad (Gas 2–3, Umluft 45 Minuten bei 180 Grad) auf der 2. Einschubleiste von unten 60–70 Minuten garen.

2. Inzwischen die Pfifferlinge und die Champignons putzen, waschen und abtropfen lassen. Die Schalotten und den Knoblauch pellen und fein würfeln. Im heißen Öl in der Pfanne anbraten, Pilze dazugeben, salzen und pfeffern. Die Butter unterrühren und die Sahne dazugießen. Kurz einkochen, mit der Petersilie verrühren und beiseite stellen.

3. Die Kartoffeln aus dem Ofen nehmen, die offene Seite pellen und die Kartoffeln mit einem Teelöffel aushöhlen. Die Masse durch die Kartoffelpresse drücken, 2 El davon für das Dressing beiseite stellen. Den Rest mit der noch warmen Pilzmasse vorsichtig verrühren und mit Salz, Pfeffer und Muskat würzen. Die Kartoffelmasse wieder in die Kartoffeln füllen.

4. Für die Kräuterkruste die Majoran- und die Petersilienblätter von den Stielen zupfen und fein hacken. Mit der Butter und den Semmelbröseln mischen. Gleichmäßig auf den gefüllten Kartoffeln verteilen.

5. Für den Petersilien-Speck-Salat den Speck fein würfeln und im Öl auslassen. Mit dem Kalbsfond aufgießen. Die beiseite gestellte Kartoffelmasse dazugeben, salzen und pfeffern. Mit Weißweinessig, Traubenkernöl und Petersilie verrühren.

6. Den Eichblattsalat putzen und grob zerpflücken, die Petersilienblätter von den Stielen zupfen. Eichblattsalat, krause und glatte Petersilie mit dem Dressing marinieren.

7. Kartoffeln im vorgeheizten Backofen bei 180 Grad (Gas 2–3, Umluft 180 Grad) auf der 2. Einschubleiste von unten 5 Minuten erwärmen, dann 1–2 Minuten unterm Grill überbacken. Auf Tellern anrichten und mit dem Petersilien-Speck-Salat servieren.

Zubereitungszeit: 1 Stunde, 50 Minuten
Pro Portion 8 g E, 62 g F, 28 g KH = 694 kcal (2905 kJ)

Kartoffel-Kicherbsen-Salat

Für 4–6 Portionen:
500 g Kartoffeln
Salz
500 g Porree
400 g reife Tomaten
1 Dose Kichererbsen (EW 860 g)
3 Knoblauchzehen
1 kleines Bund frisches Koriandergrün
5 Stiele frische Minze
150 g Sahnejoghurt
6 El Zitronensaft
2 Tl Zitronenschale (unbehandelt, dünn abgerieben)
1/2 Tl Kreuzkümmel (gemahlen)
2 El Sesampaste (a. d. Reformhaus oder türkischer Laden)
Salz, Pfeffer (a. d. Mühle)

1. Die Kartoffeln schälen, in kleine Würfel schneiden, in kochendem Salzwasser ca. 2 Minuten garen und in einem Sieb abtropfen lassen. Porree putzen, waschen, das Weiße und das Hellgrüne in ca. 1 cm dicke Ringe schneiden. Den Porree in Salzwasser portionsweise 2 Minuten blanchieren, abtropfen lassen.

2. Die Stielansätze der Tomaten keilförmig herausschneiden. Die Tomaten in gleicher Größe wie die Kartoffeln würfeln und auf Küchenpapier legen. Die Kichererbsen in einem Sieb kalt abspülen und gut abtropfen lassen.

3. Die Knoblauchzehen pellen und durchpressen. Koriander und Minze bis auf ein paar Blätter mittelfein hacken. Knoblauch, gehackte Kräuter, Joghurt, Zitronensaft und -schale mit Kreuzkümmel und Sesampaste verrühren. Mit Salz und Pfeffer würzen.

4. Einige Tomatenwürfel und Porreeringe als Garnitur beiseite legen. Restliche Tomaten und Porree, Kartoffeln und Kichererbsen mit der Salatsauce vermengen und 30 Minuten durchziehen lassen. Den Salat in einer Schüssel anrichten, mit Tomatenwürfeln, Porreeringen, Minze- und Korianderblättchen garnieren.

Zubereitungszeit: 1 1/2 Stunden
Pro Portion (bei 6 Portionen) 11 g E, 9 g F, 30 g KH = 249 kcal (1043 kJ)

Tip: Die Sesampaste vor Gebrauch gut durchrühren, da sich das Fett als Ölschicht auf der Paste absetzt.

KARTOFFELN

Kartoffelcurry mit Äpfeln

Für 4 Portionen:
1 kg Kartoffeln
30 g frische Ingwerwurzel
2 El Öl
2 Tl Currypulver (mild)
1 Kaffirblatt (Zitronenblatt, a. d. Asienladen)
400 ml Geflügelfond (a. d. Glas)
Salz
Pfeffer (a. d. Mühle)
300 g Äpfel (möglichst säuerlich)
1–2 rote Chilischoten (frisch, mittelgroß)
1 Bund Schnittlauch
1 Tl Speisestärke
2 El Sahnejoghurt

1. Die Kartoffeln schälen und grob würfeln. Den Ingwer schälen und sehr fein würfeln.

2. Das Öl in einem Topf erhitzen und die Kartoffeln und den Ingwer darin andünsten, aber nicht bräunen. Mit Currypulver bestäuben, das Kaffirblatt dazugeben und mit dem Geflügelfond auffüllen. Mit Salz und Pfeffer würzen. Bei milder Hitze 15–20 Minuten kochen, dabei hin und wieder umrühren.

3. Inzwischen die Äpfel schälen, vierteln, entkernen und in feine Scheiben schneiden. Die Chilischoten längs halbieren, entkernen und fein würfeln. Den Schnittlauch in feine Ringe schneiden.

4. Äpfel und Chilischoten zu den Kartoffeln geben und einmal aufkochen. Die Stärke mit etwas kaltem Wasser verrühren, zum Curry geben und aufkochen lassen.

5. Den Topf vom Herd ziehen und den Joghurt unterrühren, aber nicht mehr kochen. Mit Salz und Pfeffer würzen und mit Schnittlauchröllchen bestreuen.

Dazu passen Schweinemedaillons mit Chilischoten und Knoblauch gebraten.

Zubereitungszeit: 3/4 Stunde
Pro Portion 5 g E, 7 g F, 40 g KH = 251 kcal (1046 kJ)

Kartoffelpüree mit Pfifferlingen

Für 4 Portionen:
300 g rote Paprikaschoten
700 g Pfifferlinge
1 kg Kartoffeln
Salz
125 g Frühlingszwiebeln
90 g Butter
300 g saure Sahne
weißer Pfeffer (a. d. Mühle)
100 g Schalotten
3 Stiele Majoran

1. Die Paprikaschoten längs vierteln, putzen und mit der Hautseite nach oben auf ein Backblech legen. Auf der 1. Einschubleiste von oben unterm Grill 6–8 Minuten rösten, bis die Haut schwarz wird. Dann mit einem feuchten Tuch 10 Minuten bedekken. Paprika häuten und klein würfeln.

2. Die Pfifferlinge kurz waschen, auf einem Tuch abtropfen lassen und putzen. Größere Stücke halbieren.

3. Die Kartoffeln schälen, waschen und in Salzwasser weich kochen. Dann auf einem Sieb abtropfen lassen.

4. Die Frühlingszwiebeln putzen und in dünne Ringe schneiden. In 30 g Butter kurz andünsten.

5. Kartoffeln und saure Sahne dazugeben und mit dem Kartoffelstampfer nicht zu klein zerdrücken. Salzen, pfeffern und alles mit einem Kochlöffel gleichmäßig verrühren. Das Püree im geschlossenen Topf warm halten.

6. Die Schalotten pellen und fein würfeln. Majoranblättchen grob zerzupfen.

7. Die Pfifferlinge in zwei großen Pfannen in der restlichen aufgeschäumten Butter bei starker Hitze 2–3 Minuten kräftig braten.

8. Die Schalotten- und Paprikawürfel 1 Minute vor Ende der Garzeit dazugeben. Salzen, pfeffern und den Majoran untermischen. Püree mit den Pilzen auf Tellern anrichten.

Zubereitungszeit: 1 Stunde
Pro Portion 11 g E, 28 g F, 37 g KH = 443 kcal (1855 kJ)

Kartoffelsuppe mit Würstchen

Für 12 Portionen:
1 kg Schinkenknochen (in Stücken)
750 g durchwachsener Speck
2 Zweige Liebstöckel
2 Lorbeerblätter
3 kg Kartoffeln (mehligkochend)
600 g Möhren
3 Petersilienwurzeln
300 g Knollensellerie
800 g Porree
200 ml Schlagsahne
120 g fetter geräucherter Speck
300 g Zwiebeln
12 Würstchen (z. B. Wiener)
1 El Majoran (frisch oder getrocknet)
schwarzer Pfeffer (a. d. Mühle)
2 Bund glatte Petersilie
Salz

1. Die Schinkenknochen und den Speck mit Liebstöckel und Lorbeer in 5 l Wasser aufkochen. Dann bei schwacher Hitze ohne Deckel insgesamt 1 1/2 Stunden kochen lassen, gelegentlich abschäumen.

2. Inzwischen die Kartoffeln schälen, waschen und fein würfeln, in die Brühe geben und 45 Minuten mitgaren.

3. Möhren und Petersilienwurzeln schälen, in Scheiben schneiden und in den letzten 15 Minuten mitkochen. Den Sellerie schälen, würfeln, dazugeben und 10 Minuten mitgaren.

4. Den Porree putzen, waschen und in schmale Ringe schneiden.

5. Den Speck aus der Suppe nehmen. Knochen, Liebstökkel und Lorbeer entfernen. Mit dem Schneidstab soviel Kartoffeln pürieren, bis die Suppe sämig ist. Den Porree und die Sahne dazugeben und alles weitere 15 Minuten kochen.

6. Inzwischen den fetten Speck sehr fein würfeln. Die Zwiebeln pellen, längs vierteln und quer in feine Streifen schneiden. Den Speck in einer großen Pfanne langsam knusprig ausbraten, die Zwiebeln darin hellbraun rösten, in die Suppe geben.

7. Den durchwachsenen Speck würfeln und mit den Würstchen in der Suppe heiß werden lassen. Die Suppe mit gehacktem oder zerriebenem Majoran und Pfeffer würzen. Petersilie fein hacken und unterziehen. Eventuell mit Salz nachwürzen.

Zubereitungszeit: 2 Stunden
Pro Portion 25 g E, 75 g F, 38 g KH = 965 kcal (4038 kJ)

Quark-Kartoffel-puffer mit Möhren-Apfel-Salat

Für 4–6 Portionen:
250 g Schichtkäse
1 Limette
40 g brauner Zucker
40 g frische Ingwerwurzel
500 g Möhren
500 g Äpfel (z. B. Elstar)
500 g Kartoffeln (mehligkochend)
2 Eier (Kl. L)
65 g Mehl
1 Tl grüne Pfefferkörner (eingelegt)
2 Bund Dill
Salz
80 g Butter

1. Schichtkäse ca. 1 Stunde in einem Sieb abtropfen lassen. Die Limette dünn abreiben und auspressen. Limettensaft und -schale mit dem Zucker in einer Schüssel mischen. Ingwerwurzel schälen und hineinreiben. Möhren und Äpfel schälen.

2. Zuerst die Möhren, dann die Äpfel auf einer Gemüseraspel oder der groben Seite der Haushaltsreibe in die Limettensaftmischung raspeln und gut vermengen. Zugedeckt zur Seite stellen.

3. Die Kartoffeln schälen und reiben. Schichtkäse durch ein feines Sieb streichen, mit Kartoffeln, Eiern und Mehl zu einem glatten Teig verrühren.

4. Pfefferkörner im Mörser zerdrücken. Dill fein schneiden. Pfeffer und Dill unter den Kartoffelteig mischen, salzen.

5. Die Hälfte der Butter in einer großen beschichteten Pfanne erhitzen. 8 Portionen Teig (jeweils 1 gehäufter El) in die Pfanne geben und etwas flach drücken, so daß 8 Puffer von ca. 5 cm Ø entstehen.

6. Die Puffer bei mittlerer Hitze 4–5 Minuten braten, bis sich der Rand goldbraun färbt. Dann wenden und von der anderen Seite 3–4 Minuten goldbraun braten.

7. Aus dem restlichen Teig nochmals 8 Puffer backen. Puffer auf einer vorgewärmten Platte anrichten und mit dem Apfel-Möhren-Salat servieren.

Dazu paßt eiskalter Sahnejoghurt oder Crème fraîche.

Zubereitungszeit: 1 1/2 Stunden
Pro Portion (bei 6 Portionen) 11 g E, 16 g F, 40 g KH = 350 kcal (1466 kJ)

GEMÜSE

Spargelsalat mit Eiern, Gemüseplatte mit Joghurtsauce und Pilzfrikadellen stecken voller Geschmack, Vitaminen, Mineral- und Ballaststoffen. Daß Möhren, Tomaten, Paprikaschoten und rote Bete nicht nur gesund sind, sondern sich auch raffiniert, einfach und edel zubereiten lassen, zeigen diese herrlich frischen Gemüsegerichte.

1. *Von den Paprikaschoten die Deckel abschneiden und die weißen Teile mit den Kernen aus den Schoten schneiden. Schoten waschen, abtropfen lassen.*

2. *Die Sauerkrautfüllung in die Paprikaschoten geben.*

3. *Die gefüllten Paprikaschoten in etwas gewürzter Brühe im Backofen garen.*

Herzhaft, saftig und natürlich fleischlos: Paprikaschoten mit Sauerkrautfüllung, Sahnesauce und Reis. Rezept Seite 102

ALLES ÜBER GEMÜSE

Paprikaschoten mit Sauerkrautfüllung

Zum Foto auf Seite 100

Für 6 Portionen:
6 Paprikaschoten (rot, gelb, grün)
200 g Zwiebeln
750 g Sauerkraut
2 Tl Kümmel
2 El Öl
1/4 l Weißwein
400 ml Gemüsebrühe (Instant)
400 ml Schlagsahne
1 El Crème fraîche
120 g Kartoffeln
1 Ei
Salz, Pfeffer (a. d. Mühle)
2 Knoblauchzehen
1 rote Chilischote
2 Zweige glatte Petersilie
20 g Butter, 20 g Mehl
2–3 Tl Weißweinessig
Paprikapulver (scharf)

1. Die Deckel der Paprikaschoten abschneiden, die Schoten putzen, entkernen, waschen. Umgedreht auf Küchenpapier abtropfen lassen.

2. Die Zwiebeln pellen, fein würfeln, Sauerkraut gut ausdrücken, beides mit 1 Tl Kümmel im heißen Öl andünsten.

3. Das Sauerkraut mit Wein, 200 ml Brühe und 200 ml Schlagsahne auffüllen und 3 Minuten bei milder Hitze offen kochen, abkühlen lassen.

4. Crème fraîche, feingeriebene Kartoffeln und das Ei untermengen, salzen und pfeffern. Die Füllung in die Schoten geben, die Deckel aufsetzen.

5. Paprikaschoten in die Auflaufform setzen, mit restlicher Brühe umgießen. Knoblauch in Scheiben schneiden, Chili in Ringe, beides mit der Petersilie in die Brühe geben.

6. Die Paprikaschoten im vorgeheizten Backofen bei 200 Grad (Gas 3, Umluft nicht empfehlenswert) auf der 2. Einschubleiste von unten 40 Minuten garen.

7. Butter mit Mehl verkneten. Schoten herausnehmen. Brühe durchsieben, mit restlicher Sahne und restlichem Kümmel aufkochen, mit Mehlbutter andicken. Mit Essig, Paprika, Salz und Pfeffer würzen.

Zubereitungszeit: 1 Stunde
Pro Portion 8 g E, 30 g F, 15 g KH = 379 kcal (1587 kJ)

Gemüse vorbereiten

Stangen-, Wurzel-, Blatt- und Fruchtgemüse, Kohl und Pilze – die vielen verschiedenen Gemüse werden auf unterschiedliche Arten geputzt, geschält oder entkernt. Wie einfach der Umgang mit Spargel, Steinpilzen, Kürbis und Fenchel in der Praxis ist, sehen Sie hier.

***Weißer Spargel** läßt sich nach dem Garen leichter mit einer Schaumkelle aus dem Kochwasser nehmen, wenn die geschälten Stangen vorher portionsweise mit Küchengarn umwickelt werden.*

***Grüner Spargel** muß nicht wie weißer Spargel über seine ganze Länge geschält werden. Die dünnen Stangen haben nur am unteren Drittel eine härtere Schale, die mit einem Spargel- oder Sparschäler entfernt wird.*

***Schwarzwurzeln** sondern während des Schälens einen klebrigen Saft ab und laufen wie Äpfel schnell braun an: Deshalb die Stangen unter Wasser schälen, in Essigwasser legen und mit Mehl bestäuben.*

***Rotkohl** und **Weißkohl** in Streifen zu schneiden, ist auf mehrere Arten möglich: Die äußeren Kohlblätter entfernen. Den Kohlkopf vierteln oder achteln. Die Kohlstücke dann von der Spitze zum harten Strunk hin in dünne Streifen schneiden. Oder die Kohlviertel schräg auf den Hobel setzen und vom Strunk schneiden. So werden die Streifen besonders fein und schneller gar.*

***Salate** werden nach dem Putzen und Waschen am besten in einer Salatschleuder getrocknet. So bleiben die Salatblätter knackig und das Salat-Dressing wird nicht verwässert.*

***Steinpilze** mit Küchenpapier oder einer Bürste von Sand und Erde befreien. Fleckige Stellen großzügig abschneiden. Bei großen Pilzen die Röhren unter dem Hut entfernen.*

***Kürbis** ist mit vielen Samen, den Kürbiskernen, durchsetzt. Sie werden mitsamt dem Faserteil mit einem Löffel aus dem faserigen Fruchtfleisch gekratzt. Die feste Schale des Kürbisses abschneiden.*

***Rote Bete** hat eine lange Garzeit. Im Schnellkochtopf brauchen die runden Rüben nur ein Drittel der üblichen Garzeit. Sie werden immer ungeschält gekocht, damit sie nicht an Aroma verlieren.*

***Avocados** sind reif und lassen sich leicht aus der Schale lösen, wenn die Schale auf leichten Druck nachgibt. Avocados halbieren und den Stein entfernen. Mit einem Löffel zwischen Fruchtfleisch und Schale fahren und die Frucht herausheben. Mit Zitronensaft beträufeln, damit sie sich nicht braun färbt.*

***Staudensellerie** hat an den äußeren dunkelgrünen Stangen harte Fasern, die mit einem Sparschäler entfernt werden. Helle Stangen werden nicht geschält.*

***Spinat,** besonders Winterspinat, wird beim Putzen von den harten Stielen gezupft. Er muß gründlich gewaschen werden, weil er sehr sandig sein kann.*

***Fenchel** von braunen Stellen befreien. Den Wurzelansatz und die Stengel abschneiden. Das zarte, mild-aromatische Blattgrün eignet sich zum Würzen.*

***Auberginen** saugen beim Braten nicht so viel Fett auf, wenn man die Scheiben beidseitig mit Salz bestreut und Wasser ziehen läßt, mit Küchenpapier trocknen.*

***Chilischoten,** ob grün, rot, frisch oder getrocknet, zum Würzen längs halbieren, die weißen Teile mit Kernen entfernen, das feurige Fruchtfleisch waschen, würfeln.*

***Blattsalate** und **Kräuter** bleiben frisch, wenn sie geputzt und gewaschen in einem aufgepusteten, verschlossenen Gefrierbeutel kühl gelagert werden.*

Gemüse schneiden

***Porree in Rauten** schneiden: Die Stangen längs halbieren und die Hälften schräg in Rauten schneiden. Die Schnittform ist in der feinen Küche beliebt.*

***Porreeringe** eignen sich am besten für Suppen, Eintöpfe und Salate. Die geputzten und gewaschenen Stangen in möglichst dünne Ringe schneiden.*

***Das Grün der Porreestangen** ist hart und zäh. Die inneren Blätter sind jedoch zart und lassen sich ebenso gut verwenden wie die weißen Porreeteile.*

***Porree,** Möhren und Sellerie werden so in dünne Streifen, in Julienne, geschnitten: Gemüse erst in 5 cm lange Stücke, dann in feine Streifen schneiden.*

***Junge Möhren**, ob roh oder gedünstet, sehen attraktiv aus, wenn man sie über ihre ganze Länge mit dem Sparschäler in dünne Scheiben schneidet.*

***Champignons** werden nicht gewaschen, sondern mit einem Tuch abgerieben. Die Stielenden abschneiden, die Köpfe in dünne Scheiben teilen.*

***Rettich** in Spiralen schneiden: Die Metallnadel des Rettichschneiders in das Gemüse stechen, das daran befestigte Messer um die Achse drehen.*

***Zwiebeln** zum Würfeln pellen, halbieren, nicht ganz bis zum Ansatz längs in Streifen, dann waagerecht in Scheiben und quer in Würfel schneiden.*

ALLES ÜBER GEMÜSE

Gemüse blanchieren

Erbsen, Spinat, Wirsing und grüne Bohnen werden **kurz in Salzwasser gekocht**, herausgenommen und am besten **in Eiswasser** oder sehr kaltem Wasser **abgeschreckt.** Durch das Blanchieren behält das Gemüse seine kräftige Farbe. Meistens wird Gemüse blanchiert, um es anschließend einzufrieren. Das kurzzeitige Garen verhindert, daß Enzyme das Gemüse braun färben. Es ist ausreichend blanchiert, wenn das Wasser nach dem Zugeben wieder kocht. Der Garprozeß wird durch das Abschrecken gestoppt.

Gemüse fritieren

Blumenkohl, Champignons und Broccoli schmecken auch fritiert. Das Gemüse wird allerdings nicht wie Pommes frites einfach im heißen Öl ausgebacken, sondern vorher durch einen **Bier-** oder **Weinteig** gezogen. Für 700 g Gemüse (vorher knapp gar gekocht) rechnet man für den Teig 100 g Mehl, 75 ml Bier/Wein, 2 Eier und 1 Prise Salz. Das Gemüse etwa 8 Minuten in 180 Grad heißem Fett goldgelb fritieren.

Kohlrouladen vorbereiten

So werden große Wirsing- oder Weißkohlblätter für Kohlrouladen vorbereitet: Den Strunk großzügig aus dem Kohlkopf schneiden. Den Kopf im Ganzen in Salzwasser kochen, bis sich die äußeren Blätter lösen. Die Mittelrippen der Blätter herausschneiden. Die Füllung auf ein Kohlblatt legen, die Seitenränder überklappen, das Blatt aufrollen und verschließen.

Gemüse häuten

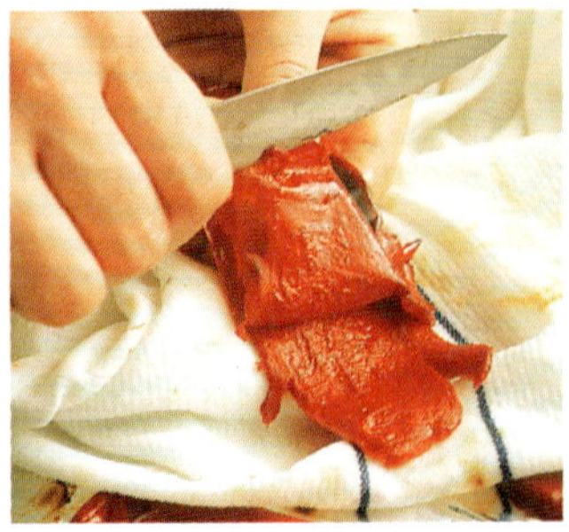

Paprikaschoten und Tomaten haben eine zähe Haut. Wird sie entfernt, ist der Genuß dieser Sommergemüse vollendet. **Paprikaschoten** lassen sich **durch Grillen häuten**: Die geputzten, geviertelten Paprika mit der Hautseite nach oben auf ein Backblech legen und grillen, bis die Haut schwarze Blasen wirft. Schoten mit einem feuchten Küchentuch kurz abdecken, die Haut abziehen. **Tomaten** kreuzweise einritzen, kurz in **siedendes Wasser** geben, mit kaltem Wasser abschrecken und häuten.

Gemüse dämpfen

Farbe, Biß, Vitamine und Mineralstoffe bleiben beim Dämpfen am besten erhalten. Dazu den Topf 3 cm hoch mit Wasser füllen, das Wasser zum Kochen bringen, das Gemüse in das Sieb geben und zugedeckt im Wasserdampf garen.

Gemüsesülze zubereiten

Sie läßt sich gut vorbereiten und schmeckt als Vorspeise oder sommerfrisches Hauptgericht: die Gemüsesülze. Möhren, Staudensellerie, grüne Bohnen oder Broccoli werden erst in Salzwasser **blanchiert**, dann in eine Form geschichtet, mit Flüssigkeit, in der die Gelatine gelöst ist, begossen und zum Erstarren – am besten über Nacht – kühl gestellt. Für 1/2 l Flüssigkeit rechnet man 8 Blatt Gelatine, damit sich die Sülze gut stürzen und schneiden läßt.

Gemüse dünsten

Neben dem Dämpfen ist das Dünsten die vitamin- und mineralstoffschonendste Garmethode für Rosenkohl, Möhren oder Zuckerschoten. Das geputzte und zerkleinerte Gemüse wird in etwas Fett, zum Beispiel Butter oder Öl, bei geringer Hitze zugedeckt gegart. Bei wasserreichen Gemüsen wie Blumenkohl oder Möhren entwickelt sich im geschlossenen Topf so viel Wasserdampf, daß keine Flüssigkeit dazugegeben wird. Trockene Gemüse wie Zuckerschoten oder junge Erbsen werden zusätzlich mit einigen Eßlöffeln Wasser oder Brühe gedünstet.

Gemüse im Ofen

Für pikante Aufläufe werden blanchierte Gemüse in eine Auflaufform geschichtet und mit Eiermilch (auf 1/4 l Milch 3–4 Eier) begossen. Die Flüssigkeit stockt während des Backens und verbindet alle Zutaten zu einer kompakten Masse. Die Milch läßt sich verfeinern mit Schlagsahne, Crème fraîche oder Schmand. Mit geraspeltem Käse bestreut wird der Auflauf würziger.

Pürierte Gemüse

Zucchini, Möhren oder Tomaten lassen sich für Suppen, Mousses oder Saucen mit dem Schneidstab oder im Mixer am einfachsten zerkleinern. Dazu das Gemüse garen, eventuell mit Sahne verfeinern und wie gewünscht von grob bis fein pürieren.

Artischocken zubereiten

Die aromatischen Blütenknospen werden entweder im Ganzen gegart serviert oder es werden nur ihre fleischigen Böden zubereitet. Zum Kochen **ganzer Artischocken** zuerst die Stiele aus dem Blütenboden brechen. Die Blattspitzen mit einer Küchenschere stutzen. Alle unteren harten Blätter entfernen, den Boden geradeschneiden und die Schnittstellen mit Zitronensaft beträufeln. Die Artischocken in Salz-Zitronen-Wasser 30–45 Minuten kochen, im Schnellkochtopf 10–12 Minuten. Die Knopsen sind gar, wenn sich die Blätter leicht herauszupfen lassen. Zum Essen die Blätter abzupfen und das ungenießbare Heu vom Boden abheben. Für **Artischockenböden** die rohen Artischocken waagerecht halbieren, die Blätter vom Bodenrand schneiden. Das Heu entfernen, die Böden geradeschneiden und kochen.

Gemüse kochen

Sellerie, Porree und Möhren werden meistens nur für Suppen in Flüssigkeit gekocht. Denn durch Kochen gehen Vitamine verloren und Mineralstoffe wandern in die Kochflüssigkeit. Für Suppen gilt: Suppengrün für Brühen wegen des Geschmacks lange mitkochen. Gemüse als bißfeste Suppeneinlage sollte nur kurz kochen.

Gemüse braten

Eine raffinierte Variante, besonders für Spargel, ist das Panieren und Braten von Gemüse: Den gekochten Spargel wie Schnitzel zuerst in Mehl wenden, dann durch verquirltes Ei ziehen und statt in Paniermehl in gemahlenen Mandeln wälzen, in Butter goldbraun braten.

GEMÜSE

Gemüseeintopf mit Thymianklößen

Für 6 Portionen:
150 g getrocknete Aprikosen
5–6 El Zitronensaft
1 Bund Thymian
60 g Butter oder Margarine
Salz
125 g Mehl
3 Eier (Kl. M)
50 g Greyerzer (fein gerieben)
500 g junge Möhren
500 g grüner Spargel
250 g Porree
250 g Zucchini
250 g Spitzkohl
20 g frische Ingwerwurzel
6 El Distel- oder Sonnenblumenkernöl
Zucker
800 ml Gemüsefond (a. d. Glas)

1. Möglichst am Vortag die Aprikosen in 1/2 l kaltem Wasser mit 3 El Zitronensaft einweichen. Dann abtropfen lassen, halbieren und wieder ins Zitronenwasser legen.

2. Den Thymian hacken. 1/4 l Wasser mit Butter oder Margarine, 1 El Thymian und Salz aufkochen. Das Mehl dazugeben und mit dem Kochlöffel rühren, bis sich die Masse als Kloß vom Topfboden löst. Ein Ei nach dem anderen und den Käse gründlich unterrühren, beiseite stellen.

3. Das Gemüse putzen und in Scheiben oder Stücke schneiden. Ingwer schälen, in sehr feine Scheiben schneiden. Mit dem restlichen Thymian im mäßig heißen Öl unter Rühren 3 Minuten dünsten.

4. Dann nacheinander Möhren, Spargel, Porree, Zucchini und Spitzkohl untermischen und das Gemüse 2 Minuten dünsten. Mit Salz und 1 Prise Zucker würzen.

5. Gemüsefond und 400 ml Wasser dazugießen, zum Sieden bringen. Die Brühe abschäumen und bei schwacher Hitze offen 20 Minuten garen.

6. Inzwischen mit zwei feuchten Löffeln von dem Teig Klöße abstechen und in siedendem Salzwasser 15 Minuten ziehen lassen. Aprikosen mit dem Einweichwasser zum Gemüse geben und mit dem restlichen Zitronensaft abschmecken. 10 Minuten ziehen lassen, dann mit den Klößen servieren.

Zubereitungszeit: 1 1/2 Stunden (plus Einweichzeit)
Pro Portion 14 g E, 25 g F, 40 g KH = 455 kcal (1905 kJ)

Gemüsegratin

Für 4 Portionen:
3 Fenchelknollen (ca. 500 g)
1/2 Bund Staudensellerie
4–6 Knoblauchzehen
3 reife Tomaten (200 g)
1/2 Bund glatte Petersilie
12 El Olivenöl (ca. 120 ml)
Salz
Pfeffer (a. d. Mühle)
2 El Zitronensaft
100 ml Weißwein
Zucker
Cayennepfeffer
40 g Weißbrot (ohne Rinde)
20 g Parmesan
(fein gerieben)

1. Den Fenchel und den Staudensellerie putzen, das Grün beiseite legen. Den Fenchel längs in Spalten schneiden. Den Sellerie auf der gewölbten Seite schälen und in 6 cm lange Stücke schneiden. Den Knoblauch pellen und mit einer Messerklinge zerdrücken.

2. Die Tomaten kreuzweise einritzen und kurz in kochendes Wasser geben, abschrecken, häuten, halbieren und leicht ausdrücken.

3. Die Petersilie zusammen mit dem Fenchel- und Selleriegrün grob hacken und beiseite stellen.

4. Fenchel, Sellerie und Knoblauch in 6 El Olivenöl in etwa 5 Minuten hellbraun braten, mit Salz und Pfeffer würzen, ab und zu wenden. Mit Zitronensaft und Wein 3 Minuten kochen und in eine große Gratinform geben.

5. Die Tomaten mit Salz, Pfeffer, 1 Prise Zucker und Cayenne würzen und dazwischen verteilen. Mit den Kräutern bestreuen.

6. Das Weißbrot würfeln und im Mixer zerkrümeln, mit dem Parmesan mischen und über das Gemüse streuen. Mit dem restlichen Öl beträufeln und unter dem vorgeheizten Grill 3–4 Minuten auf der 2. Einschubleiste von oben übergrillen (oder bei stärkster Oberhitze 7–10 Minuten überbacken), gleich servieren.

Zubereitungszeit: 3/4 Stunde
Pro Portion 7 g E, 32 g F, 20 g KH = 406 kcal (1698 kJ)

Spargelsalat mit Eiern, Tomaten und Avocado

Für 4 Portionen:
500 g weißer Spargel
Salz
2 Tl Zucker
4 El Zitronensaft
3 Eier
150 g Tomaten
3 El Öl
4 El Traubenkernöl
1 El Olivenöl
2 El Weißweinessig
Pfeffer (a. d. Mühle)
1 Avocado
1 Bund Basilikum
1 Bund Sauerampfer

1. Den Spargel schälen, die holzigen Enden abschneiden. Spargel längs halbieren und schräg in etwa 3 cm lange Stücke schneiden. In 1 l gesalzenem Wasser mit Zucker und 2 El Zitronensaft 5 Minuten kochen und abtropfen lassen. 3 El Spargelwasser auffangen.

2. Die Eier 8 Minuten kochen, abschrecken und etwas abkühlen lassen, pellen und sechsteln.

3. Die Tomaten vierteln und entkernen, das Fruchtfleisch fein würfeln.

4. Aus Spargelwasser, den Ölen, Essig, Salz und Pfeffer eine Vinaigrette rühren.

5. Die Avocado halbieren, den Stein auslösen. Das Fleisch mit einem Löffel aus der Schale lösen und fein würfeln. Die Avocadowürfel mit dem restlichen Zitronensaft beträufeln und mit den Tomaten in der Vinaigrette wenden.

6. Die oberen Blätter vom Basilikum abschneiden und beiseite legen. Die Basilikumblätter abzupfen und mit dem Sauerampfer in feine Streifen schneiden, auf einer Platte anrichten. Eier und Spargel darauf verteilen und mit der Tomaten-Avocado-Vinaigrette überziehen. Mit Basilikum garnieren.

Zubereitungszeit: 3/4 Stunde
Pro Portion 10 g E, 39 g F, 6 g KH = 408 kcal (1708 kJ)

Focaccia mit grünem Spargel und Parmesanbröseln

Für 4 Portionen:
20 g frische Hefe
8 El Olivenöl
350 g Mehl
Salz
2 Scheiben Weizentoastbrot
2 Knoblauchzehen
60 g Parmesan
850 g grüner Spargel

1. Die Hefe zerbröckeln und mit 2 El Olivenöl und 200 ml lauwarmem Wasser verrühren. Das Mehl mit 1 Prise Salz in eine Schüssel geben. Die Hefe nach und nach mit den Knethaken des Handrührers unter das Mehl arbeiten, bis ein glatter Teig entstanden ist. Den Teig zugedeckt an einem warmen Ort 20 Minuten gehen lassen.

2. Inzwischen das Toastbrot in kleine Würfel schneiden. Den Knoblauch pellen und durchpressen. Den Parmesan fein reiben.

3. Toastbrotwürfel in der Moulinette fein zerkrümeln. Mit Knoblauch, Parmesan und dem restlichem Olivenöl mischen.

4. Den Spargel nur am unteren Drittel schälen, die Enden knapp abschneiden.

5. Den Hefeteig einmal kräftig durchkneten und auf Backpapier zu einem Fladen von 40x25 cm ausrollen. Auf ein Backblech legen, zugedeckt 20 Minuten gehen lassen.

6. Den Teig bis auf einen Rand von 2 cm mit einer Gabel gleichmäßig einstechen. Die Spargelstangen dicht an dicht so auf den Teig legen, daß sich Spitzen und Enden abwechseln. Die Brösel darüber verteilen.

7. Die Focaccia im vorgeheizten Backofen bei 200 Grad (Gas 3, Umluft 25 Minuten bei 180 Grad) auf der 2. Einschubleiste von unten 25–30 Minuten goldbraun backen. Heiß servieren.

Dazu paßt Raukesalat mit gehacktem Ei.

Zubereitungszeit: 1 1/4 Stunden
(plus Ruhezeit für den Teig)
Pro Portion 20 g E, 26 g F, 72 g KH = 612 kcal (2556 kJ)

Bohnen-Pilz-Antipasti

Für 4 Portionen:
500 g grüne Bohnen
Salz
150 g Austernpilze
120 g Schalotten
1/2 Bund Thymian
1 Knoblauchzehe
4 El Olivenöl
50 ml Gemüsebrühe (Instant)
2 El Weißweinessig
Pfeffer (a. d. Mühle)
200 g Tomaten

1. Die Bohnen putzen, 8 Minuten in Salzwasser knapp gar kochen, abschrecken, halbieren und auf einer Platte anrichten.

2. Die Pilze putzen und in Streifen schneiden. Die Schalotten pellen und in feine Ringe schneiden. Den Thymian hacken. Den Knoblauch pellen und durchpressen.

3. Pilze und Schalotten im Öl andünsten, die Brühe dazugießen, Essig, Thymian und Knoblauch dazugeben. Einmal aufkochen lassen, mit Salz und Pfeffer würzen.

4. Die Pilze mit der Flüssigkeit über die Bohnen geben. 1 Stunde durchziehen lassen, die Tomaten in Scheiben schneiden, um die Bohnen herum anrichten.

Zubereitungszeit: 1/2 Stunde
(plus Zeit zum Ziehen)
Pro Portion 7 g E, 11 g F, 8 g KH = 158 kcal (666 kJ)

Italienische Kohlrouladen

Für 4 Portionen:
1 Weißkohl
Salz
400 g Kalbshack
(vom Schlachter durchdrehen lassen)
400 g Kalbsbrät
70 g schwarze Oliven
(ohne Stein)
25 g Kapern
1 Knoblauchzehe
3 Tl Kräuter der Provence
Pfeffer (a. d. Mühle)
1 Pk. Tomaten in Stücken
(425 g EW)
2 El Tomatenmark
2 Tl Speisestärke

1. Den harten Strunk mit einem scharfen Messer keilförmig aus dem Kohlkopf herausschneiden.

2. Den Kohlkopf in einen Topf mit kochendem Salzwasser geben und so lange garen, bis man nacheinander 8 Blätter ablösen kann. Den restlichen Kohl anderweitig verwenden. Die Blätter von den harten Mittelrippen befreien, auf einem Küchentuch ausbreiten.

3. Hack, Brät, grobgehackte Oliven, abgetropfte Kapern, durchgepreßten Knoblauch und 1 Tl Kräuter der Provence gut miteinander verkneten und mit Salz und Pfeffer würzen. Die Hackmasse auf die Kohlblätter verteilen und die Blätter fest zu Rouladen aufrollen.

4. Die Tomatenstücke mit Tomatenmark, restlichen Kräutern der Provence, Stärke, Salz und Pfeffer verrühren und in eine flache Auflaufform gießen. Die Kohlrouladen daraufsetzen, im vorgeheizten Backofen bei 200 Grad (Gas 3, Umluft 180 Grad) auf der 2. Einschubleiste von unten 25 Minuten garen.

Zubereitungszeit: 1 Stunde
Pro Portion 40 g E, 33 g F, 24 g KH = 554 kcal (2319 kJ)

Gemüseauflauf mit Parmesankruste

Für 4 Portionen:
500 g frischer Blattspinat
750 g Kartoffeln (mehligkochend)
2 Bund glatte Petersilie
60 g weiche Butter
4 Eier (Kl. M)
50 ml Schlagsahne
300 g Erbsen (TK, aufgetaut)
100 g Parmesan (frisch gerieben)
Salz
weißer Pfeffer (a. d. Mühle)
Muskatnuß (frisch gerieben)
30 g Pinienkerne

1. Den Spinat verlesen, gründlich waschen und tropfnaß im geschlossenen Topf bei milder Hitze zusammenfallen lassen. In einem Durchschlag abtropfen lassen.

2. Die Kartoffeln in der Schale kochen, möglichst noch warm pellen und auf der groben Seite der Haushaltsreibe oder auf einer Röstiraspel raspeln.

3. Die Petersilie waschen und von den Stielen zupfen. Den Spinat gut ausdrücken und mit der Petersilie auf einem Schneidbrett mit einem schweren Messer grob hakken. Eine flache Auflaufform (ca. 1 1/2 l Inhalt) mit 20 g Butter auspinseln.

4. Eier und Schlagsahne mit dem Schneebesen verquirlen. Kartoffeln, Spinat-Petersilien-Gemisch, Erbsen und 75 g Parmesan mit der Eiersahne vermengen. Mit Salz, Pfeffer und Muskat würzen und in die Form füllen. Glattstreichen und den restlichen Parmesan auf die Oberfläche streuen. Die restliche Butter in Flöckchen daraufsetzen und die Pinienkerne darüberstreuen.

5. Den Auflauf im vorgeheizten Backofen bei 175 Grad (Gas 2, Umluft 150 Grad) auf der 2. Einschubleiste von unten 25–30 Minuten backen. Die Oberfläche soll goldbraun und knusprig sein (eventuell zum Schluß Grill oder Oberhitze kurz einschalten). Auflauf heiß in der Form servieren.

Zubereitungszeit: 1 Stunde, 20 Minuten
Pro Portion 29 g E, 34 g F, 34 g KH = 577 kcal (2421 kJ)

Meerrettich-Joghurt-Mousse auf Rote-Bete-Salat

Für 6 Portionen als Vorspeise:
Meerrettich-Joghurt-Mousse:
4 Blatt weiße Gelatine
300 g Sahnejoghurt
250 g Schmand
1 Glas Meerrettich (natur, 90 g EW)
Salz
1 El Zitronenschale (unbehandelt, fein abgerieben)
2–3 Tl Zitronensaft
125 ml Schlagsahne

Rote-Bete-Salat:
500 g kleine Rote Bete
Salz
Pfeffer (a. d. Mühle)
100 ml Rotweinessig
1 El Zucker
4 El Traubenkernöl
2 El Kürbiskernöl
1 El Olivenöl
2 El Balsamessig (Aceto balsamico)
1 El Weißweinessig
30 g Frühlingszwiebel (nur das Weiße)
1 Bund Schnittlauch
30 g frische Meerrettichwurzel
1 El Zitronenschale (unbehandelt, fein abgerieben)

1. Für die Mousse die Gelatine in kaltem Wasser einweichen. Den Joghurt und den Schmand mit dem Meerrettich verrühren. Mit Salz, Zitronenschale und Zitronensaft würzen.

2. Die Sahne steif schlagen. Die Gelatine tropfnaß bei milder Hitze auflösen und schnell mit dem Schneebesen unter die Joghurtmasse rühren. Die Sahne unterheben. In eine flache, nicht zu große Arbeitsschale füllen und 2 Stunden kalt stellen.

3. Für den Salat die Rote Bete waschen und einzeln in Alufolie einwickeln. Im vorgeheizten Backofen auf dem Rost bei 180 Grad (Gas 2–3, Umluft 160 Grad) auf der 2. Einschubleiste von unten 1 Stunde backen.

4. In der Folie abkühlen lassen, herausnehmen und die Schalen abziehen (ziehen Sie dazu Gummihandschuhe an).

5. Die Rote Bete in dünne Scheiben schneiden, salzen und pfeffern. Rotweinessig mit Zucker aufkochen und darübergießen.

6. Aus den Ölen, Balsam- und Weißweinessig eine Vinaigrette rühren. Die Frühlingszwiebel und den Schnittlauch fein schneiden, den Meerrettich schälen und raspeln.

7. Die Rote Bete abtropfen lassen und auf 6 Teller verteilen. Mit der Vinaigrette und etwas vom Rote-Bete-Essig-Saft beträufeln. Einen Eßlöffel in kaltes Wasser tauchen, damit Klößchen von der Mousse abstechen und auf den Salat setzen. Mit Zitronenschale, Frühlingszwiebel, Schnittlauch und Meerrettich bestreuen.

Zubereitungszeit: 25 Minuten
(plus Kühl- und Backzeiten)
Pro Portion 6 g E, 31 g F, 16 g KH = 373 kcal (1561 kJ)

Spargel mit Morchel-Hollandaise

Für 4 Portionen:
25 g getrocknete Morcheln
200 ml Weißwein (trocken)
1 kg weißer Spargel
1 kg grüner Spargel
145 g Butter
Salz
1 El Zucker
100 g Schalotten (fein gewürfelt)
5 Eigelb (Kl. L)
4 El Kerbelblättchen
Cayennepfeffer

1. Die Morcheln 30 Minuten in ca. 400 ml warmem Wasser einweichen. 50 ml vom Morchelwasser durch ein feines Sieb filtern und mit dem Weißwein in einen Topf geben. Die Morcheln sehr gründlich waschen, gut ausdrücken und größere Stücke halbieren.

2. Vom Spargel die Enden knapp abschneiden. Weißen Spargel bis zum Spargelkopf schälen, den grünen nur am unteren Drittel.

3. Den weißen Spargel in einen Topf legen. So viel Wasser dazugießen, daß es fingerbreit über den Stangen steht. 20 g Butter, 1 Prise Salz und Zucker dazugeben. Weißen Spargel darin je nach Dicke 15–20 Minuten leise kochen lassen. Grünen Spargel 5 Minuten vor Ende der Garzeit dazugeben.

4. Das Weingemisch mit den Schalotten auf 1/4 l einkochen lassen. Die restliche Butter zerlassen. Das Eigelb mit dem Weingemisch über dem Wasserbad ca. 8 Minuten cremig-dicklich aufschlagen. Vom Wasserbad nehmen und die Butter in dünnem Strahl langsam einrühren.

5. Die Morcheln und den gehackten Kerbel dazugeben und mit Salz und Cayenne würzen. Die Morchel-Hollandaise zum abgetropften Spargel servieren.

Dazu passen kleine Kräuterkartoffeln.

Zubereitungszeit: 1 Stunde
Pro Portion 14 g E, 37 g F, 11 g KH = 443 kcal (1847 kJ)

Pilzfrikadellen mit Gemüsereis

Für 4 Portionen:
15 g getrocknete Steinpilze
5 Scheiben Weizentoastbrot
200 g rosa Champignons
200 g Shiitake-Pilze
200 g Pinienkerne
1 Zwiebel
100 g Butter
Salz
Pfeffer (a. d. Mühle)
2 Eier (Kl. M)
80 ml Öl
150 g Möhren
1 Stange Porree
1 Tütchen Safranpulver
250 g Langkornreis
1 Bund Schnittlauch
Schale einer unbehandelten Zitrone

1. Für die Frikadellen die Steinpilze mit warmem Wasser bedecken und 30 Minuten einweichen, gut ausdrücken und fein hacken.

2. Die Toastbrotscheiben in Wasser einweichen, gut ausdrücken.

3. Die Champignons putzen und mittelfein hacken. Die Stiele von den Shiitake-Pilzen entfernen und die Pilzkappen mittelfein hacken.

4. Die Pinienkerne mittelfein hacken. 50 g davon in einer Pfanne ohne Fett goldbraun rösten, dann herausnehmen. Die Zwiebel pellen und fein würfeln.

5. 30 g Butter in der Pfanne erhitzen. Die Pilze darin unter Wenden so lange braten, bis die gesamte Flüssigkeit verdampft ist, mit Salz und Pfeffer würzen. Die gerösteten Pinienkerne untermischen, abkühlen lassen.

6. Die Zwiebelwürfel in 20 g Butter glasig dünsten, das Toastbrot zerbröselt dazugeben und unter Wenden trokken rösten, so daß sich die Masse als Kloß vom Topfboden löst.

7. Die Eier nacheinander unterrühren und zu einem glatten Teig verrühren. Die Pilze untermischen und abgedeckt ca. 30 Minuten kalt stellen.

8. Aus dem Teig mit leicht feuchten Händen 8 Frikadellen formen, etwas flach drükken und mit den restlichen Pinienkernen panieren.

9. Frikadellen in 30 g Butter und dem Öl bei mittlerer Hitze von jeder Seite 4–5 Minuten goldbraun braten. Dann auf Küchenpapier abtropfen lassen und im Backofen zugedeckt warm halten.

10. Für den Reis die Möhren putzen, Porree putzen und waschen, beides in feine Streifen schneiden. 700 ml Salzwasser mit dem Safran zum Kochen bringen, den Reis einstreuen und zugedeckt bei milder Hitze 18 Minuten ausquellen lassen. Den Reis in einem Sieb abtropfen lassen und warm halten.

11. Die restliche Butter erhitzen. Erst die Möhren 4 Minuten unter Wenden andünsten, dann den Porree dazugeben und weitere 3 Minuten dünsten. Den Schnittlauch in Röllchen schneiden. Reis, Zitronenschale und den Schnittlauch unterheben und mit den Pilzfrikadellen servieren.

Zubereitungszeit: 1 1/2 Stunden
Pro Portion 28 g E, 66 g F, 74 g KH = 1037 kcal (4339 kJ)

GEMÜSE

Gemüseplatte mit Kurkuma-Joghurt-Sauce

Für 4–6 Portionen:
1 kg Blattspinat
Salz, etwas Öl
1 Bund junge Möhren (500 g)
1 kg Blumenkohl
400 g grüne Bohnen
300 g Vollmilchjoghurt
2 Eier (Kl. L)
50 g Sonnenblumenkerne
100 g Frühlingszwiebeln
2 Knoblauchzehen
300 g griechischer Sahnejoghurt
1 Tl Sambal oelek (ersatzweise Tabasco)
2 Tl Kurkuma (Gelbwurz, gemahlen)
1–2 Tl Kreuzkümmel (gemahlen)
1/2 Tl Zucker

1. Den Spinat putzen, gründlich waschen. 12–15 große Blätter zur Seite legen. Spinat tropfnaß zugedeckt bei mittlerer Hitze zusammenfallen lassen. Spinat abtropfen lassen, gut ausdrücken, salzen und grob hacken.

2. Die Blätter in Salzwasser einzeln kurz blanchieren und glatt auf ein Geschirrtuch legen. Aus dem gehackten Spinat 8–10 Kugeln formen, dann in eine leicht geölte kleine Schöpfkelle drücken, in eine Arbeitsschale setzen und mit den Blättern umhüllen.

3. Die Möhren putzen, schälen, ein kleines Stück vom Stielansatz stehen lassen. Den Blumenkohl putzen und in kleine Röschen zerteilen.

4. Die Bohnen putzen und mit Küchengarn zu 6 Bunden zusammenbinden. Alle Gemüse mit einem feuchtem Tuch zudecken.

5. Den Vollmilchjoghurt in einem Sieb 30 Minuten abtropfen lassen. Die Eier hart kochen und pellen.

6. Die Sonnenblumenkerne in einer Pfanne ohne Fett bei milder Hitze goldbraun rösten. Die Frühlingszwiebeln putzen, das Weiße und Hellgrüne fein würfeln. Die Knoblauchzehen pellen und durchpressen.

7. Vollmilchjoghurt und griechischen Joghurt mit einem Schneebesen glattrühren. Knoblauch, 2/3 der Zwiebeln, Sambal oelek, Kurkuma und Kreuzkümmel unterrühren. Mit Salz und Zucker würzen.

8. Gekochte Eier fein hacken. Die Hälfte unter die Joghurtsauce heben.

9. Die Möhren und den Blumenkohl in wenig leicht gesalzenem Wasser zugedeckt 10–12 Minuten garen. Bohnen ebenfalls 10–12 Minuten garen. Die Spinatbällchen in einem Siebeinsatz über Wasserdampf erwärmen.

10. Das Gemüse gut abgetropft auf einer Platte anrichten und mit einem Teil der Sauce überziehen. Mit den restlichen Frühlingszwiebeln, Sonnenblumenkernen und gehacktem Ei bestreuen. Die restliche Sauce extra dazu servieren.

Dazu paßt knusprig aufgebackenes Fladenbrot.

Zubereitungszeit: 1 1/4 Stunden
Pro Portion (bei 6 Portionen) 18 g E, 14 g F, 18 g KH = 282 kcal (1185 kJ)

Möhrenrahmsuppe mit Lachsklößchen

Für 6 Portionen als Vorspeise:
250 g Lachsfilet (ohne Haut, entgrätet)
Salz
Pfeffer (a. d. Mühle)
1/2 Tl Zitronensaft
300 ml Schlagsahne
1 Tl Öl
500 g Möhren
100 g Zwiebeln
50 g Butter
1 El Mehl (25 g)
2 l Gemüsefond (a. d. Glas)
400 ml Milch
1 Bund glatte Petersilie

1. Das Lachsfilet in 1 cm große Würfel schneiden. Mit Salz, Pfeffer und Zitronensaft würzen, etwa 15 Minuten in das Gefrierfach legen. Dann den Lachs mit 200 ml Sahne in der Moulinette fein pürieren.

2. Ein Stück Backpapier mit dem Öl bepinseln und auf einen Teller legen. Von der Lachsfarce mit einem Eßlöffel 12 ovale Klöße abstechen, dabei den Löffel immer wieder in kaltes Wasser tauchen. Die Klöße auf das Backpapier setzen und kalt stellen.

3. Inzwischen die Möhren putzen und auf der Haushaltsreibe grob raspeln. Die Zwiebeln pellen und fein würfeln.

4. Die Zwiebeln mit den Möhren in der Butter bei mittlerer Hitze etwa 5 Minuten andünsten. Mit dem Mehl bestäuben und kurz anschwitzen. Mit 500 ml Gemüsefond und der Milch auffüllen, salzen, pfeffern und 12–15 Minuten bei milder Hitze kochen lassen.

5. Den restlichen Gemüsefond in einem Topf aufkochen. Die Klöße vom Papier hineingleiten lassen. Einmal kurz aufkochen. Den Topf mit einem Deckel verschließen, von der Kochstelle ziehen und die Lachsklößchen darin etwa 4 Minuten gar ziehen lassen.

6. Die Petersilie bis auf 2 Stiele grob hacken. Mit der restlichen Sahne zur Suppe geben. Die Suppe eventuell nachwürzen.

7. Die Lachsklößchen aus dem Fond nehmen, gut abtropfen lassen und auf sechs tiefe Teller verteilen. Mit der Suppe auffüllen und mit der restlichen Petersilie garnieren.

Zubereitungszeit: 40 Minuten
Pro Portion 13 g E, 28 g F, 12 g KH = 351 kcal (1468 kJ)

Tip: ***Die Möhren geben der Suppe einen mild-süßlichen Geschmack. Wenn Sie es etwas herzhafter mögen, bereiten Sie die Suppe aus 250 g Möhren und 250 g Petersilienwurzel zu.***

NUDELN, REIS UND KLÖSSE

Buttermilch-Serviettenknödel,Buwespitzle und Spaghettipuffer sind raffinierte Beilagen zu Fleisch- und Gemüsegerichten. In Paella, Pilz-Lasagne, Paprika-Consommé und Wirsingrisotto übernehmen Nudeln, Reis und Klöße die Hauptrollen – mit Bravour!

1

2

1. *Das Schnitzel in feine Streifen schneiden und rundherum im heißen Öl kurz anbraten.*

2. *Den Risotto-Reis mit Zwiebeln und Knoblauch in der Pfanne glasig dünsten.*

3. *Den Reis mit Fond begießen, damit er während des Garens im Backofen quellen kann.*

Der Mix macht´s: In Paella werden Reis, Gemüse, Meeresfrüchte, Fleisch und Geflügel pikant vereint. Rezept Seite 120

3

ALLES ÜBER NUDELN, REIS UND KLÖSSE

Paella

Zum Foto auf Seite 118

Für 4 Portionen:
4 Hähnchenunterkeulen oder
2 Hähnchenkeulen
Salz, Pfeffer (a. d. Mühle)
250 g Schweineschnitzel
1 kleine Gemüsezwiebel
1–2 Knoblauchzehen
1 rote Paprikaschote
1 grüne Paprikaschote
5 El Öl
300 g Risotto-Reis (Arborio-Reis)
400 ml Gemüsefond (a. d. Glas)
2 Tütchen Safranfäden
12 Miesmuscheln
150 g Erbsen (TK)
8 Garnelenschwänze
Cayennepfeffer

1. Das Hähnchenfleisch salzen und pfeffern. Die Keulen im Gelenk durchschneiden. Das Schweineschnitzel in Streifen schneiden. Die Zwiebel würfeln, Knoblauch durchpressen. Die Paprikaschoten putzen, waschen und würfeln.

2. 3 El Öl in einer großen Pfanne erhitzen. Die Keulen darin von beiden Seiten anbraten, herausnehmen. Die Schnitzelstreifen in die Pfanne geben, anbraten, salzen, pfeffern, herausnehmen.

3. Restliches Öl in die Pfanne geben. Zwiebeln, Knoblauch und Reis dazugeben und glasig dünsten, Paprikawürfel dazugeben und andünsten, salzen und peffern. Die Keulen auf den Reis legen.

4. 100–200 ml Wasser in den Fond geben, die Safranfäden hineingeben. Den Fond in die Pfanne gießen. Den Reis im vorgeheizten Backofen bei 200 Grad (Gas 3, Umluft 200 Grad) auf der 2. Einschubleiste von unten zugedeckt 15 Minuten garen.

5. Inzwischen die Miesmuscheln waschen und entbarten. Die Pfanne aus dem Ofen nehmen. Schnitzel, Erbsen, Garnelen und Muscheln auf dem Reis verteilen. Mit Salz und Cayennepfeffer würzen.

6. Die Paella weitere 15–20 Minuten bei gleicher Temperatur im Ofen offen garen. Evtl. mit Zitronenspalten garnieren.

Zubereitungszeit: 1 1/2 Stunden
Pro Portion 55 g E, 27 g F, 71 g KH = 751 kcal (3140 kJ)

Immer etwas Besonderes: selbstgemachte Nudeln

Tortellini, Bandnudeln und Ravioli aus frischem Nudelteig sind hausgemacht am besten. Denn Sie können die Nudeln zubereiten, wie Sie möchten: rot oder grün gefärbt, gefüllt, in Streifen geschnitten oder kreisrund geformt. Etwas Zeit braucht das Kneten des Teiges, das Ausrollen und das Zerteilen: Aber die Mühe lohnt sich immer.

Nudelteige

Für Spaghetti, Bandnudeln und Lasagne gibt es unterschiedliche Nudelteige: den Teig mit Eiern und den Teig mit Hartweizengrieß.

***Grundrezept** für **Eiernudelteig**: Auf 1 Ei rechnet man 100–125 g Mehl. Ab einer Mehlmenge von 250 g zusätzlich 1 El Öl dazugeben. Ist der Teig zu fest, 1 El kaltes Wasser unterkneten.*

*Zum **Färben** eines Nudelteiges von 250 g Mehl reichen 2–3 El Tomatenmark oder 2–3 El feinpürierter Spinat, dann jedoch kein Wasser an den Teig geben. Alle Zutaten entweder in der Küchenmaschine mit Knethaken oder mit den Händen kneten, bis der Teig glatt, glänzend und elastisch ist. Den Nudelteig 1/2–1 Stunde an einem warmen Ort ruhenlassen. Dann mit etwas Mehl ausrollen, schneiden und in reichlich Salzwasser kochen: ungefüllte Nudeln 3–5 Minuten, gefüllte 6–8 Minuten. Selbstgemachte Nudeln nicht abschrecken.*

***Grundrezept** für **Nudeln mit Hartweizengrieß:** Für 4 Portionen 200 g Mehl, 200 g Hartweizengrieß und 200 ml Wasser zu einem glatten Teig verkneten. Den Teig weiterverarbeiten wie oben beschrieben.*

***1 Lasagne** mit Spinat gefärbt und Lasagne mit Zickzackrand.*

***2 Spaghetti** lassen sich mit der Nudelmaschine am einfachsten in lange, dünne Nudeln schneiden.*

***3 Cannelloni** sind röhrenförmige Nudeln, gefüllt mit Hackfleisch oder Gemüse.*

***4 Bandnudeln** mit einem Teigrädchen geschnitten.*

***5 Tortellini** werden aus einem oder aus zwei Teigkreisen mit Füllung zubereitet.*

***6 Schleifchennudeln** werden aus einem kleinen Teigkreis geformt und in der Mitte zusammengedrückt.*

***7 Bandnudeln** in dreierlei Farben: grün mit Spinat gefärbt, klassisch gelb und rot mit Tomatenmark verfeinert.*

***8 Maultaschen** sind Teigquadrate mit Füllung belegt, die zu Drei- oder Rechtecken geformt werden.*

***9 Ravioli** bestehen aus zwei Nudellagen, gefüllt mit Gemüse oder Fleisch, zerteilt in Vierecke.*

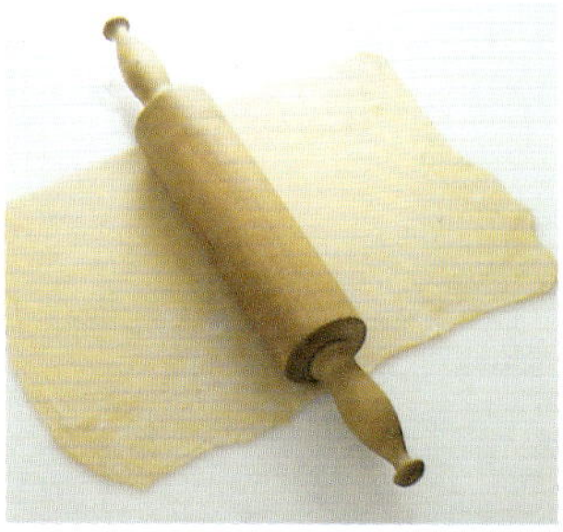

Von der Rolle: Nudeln

Nudeln sind nur ein Genuß, wenn sie dünn ausgerollt werden. Das gelingt per Hand mit dem ***Nudelholz*** *oder mit der* ***Nudelmaschine****. Zum Ausrollen mit der Maschine den Teig in mehrere Portionen teilen. Den Teig häufiger durch die Maschine drehen und ihn von Mal zu Mal etwas feiner ausrollen, von Stufe 1 bis Stufe 5–6. Damit der Nudelteig nicht anklebt, wird er bei beiden Ausrollmethoden mit Mehl bestäubt.*

Chinesische Nudeln

Die feinen chinesischen Eiernudeln in Bandnudelform und die krausen chinesischen Nudeln haben zwei Vorteile: Sie haben kürzere Garzeiten als übliche Nudeln, im Schnitt nur 2–5 Minuten. Und sie eignen sich hervorragend zum Braten, weil sie herrlich knusprig werden.

1

2

Spätzle zubereiten

Die schwäbische Spezialität besteht aus einem weicheren ***Eiernudelteig*** *als herkömmliche Eiernudeln. Es gibt mehrere Rezept-Varianten für Spätzle: Auf 500 g Mehl rechnet man 6 Eier, Salz und 2 El Wasser oder 4 Eier, Salz und etwa 1/4 l Wasser. Der Teig wird mit einem Kochlöffel oder den Knethaken so lange geschlagen, bis er Blasen wirft, glatt und elastisch ist. Die gleichmäßigsten Spätzle erhält man mit der* ***Spätzlepresse****. Die klassische Methode ist* ***das Schaben*** *des Spätzleteiges* ***vom Brett:*** *Dazu den Teig in kleinen Portionen auf ein nasses Küchenbrett geben und mit einem Messer direkt ins siedende Wasser streichen* ***(1)****. Schwimmen die Nudeln an der Oberfläche, sind sie gar. Werden Spätzle als Beilage zu Braten serviert, bewahrt man sie in lauwarmem Wasser auf, bis alle Nudeln fertig sind* ***(2)****. Für* ***Käsespätzle*** *die Spätzle nicht in Wasser geben, sondern heiß lagenweise mit geriebenem Emmentaler in eine ofenfeste Form schichten. Mit Käse bestreuen und eventuell unter dem Grill bräunen. Dazu passen Röstzwiebeln* ***(3)****.*

3

Goldgelb: überbackene Nudeln

Mit Käse überbacken bekommen Nudelaufläufe eine knusprige Kruste. Ältere Käsesorten wie mittelalter Gouda, Fontina, Raclette, Emmentaler und Gruyère eignen sich am besten: Sie sind kräftig im Geschmack und ziehen beim Erhitzen keine Fäden. Zu dunkel gebräunter Käse ist jedoch bitter.

Nudel-Vielfalt

Das Pasta-Sortiment reicht von kleinen Buchstabennudeln bis zu briefgroßen Lasagneplatten. Besonders beliebt sind Spaghetti, Penne und Makkaroni. Doch egal, welche Nudeln Sie bevorzugen, Pasta ist gesund: Sie enthält viele sättigende Kohlenhydrate, aber kaum Fett. Und Nudeln sind wie Kartoffeln keine Dickmacher: Meistens ist die Sauce die Kalorienbombe.

ALLES ÜBER NUDELN, REIS UND KLÖSSE

Langkornreis

Basmati-Reis

Risotto-Reis

Milchreis

Roter Reis

Schwarzer Reis

Wildreis

Reis-Vielfalt

Weltweit gibt es über tausend Reissorten. Wird Reis in seiner ursprünglichen Form angeboten, heißt er ***Natur-*** *oder* ***Vollkornreis*** *und enthält noch alle Vitamine, Mineral- und Ballaststoffe. Sind Reisschale und Keimling aus dem Reiskorn entfernt, fehlen diese gesunden Inhaltsstoffe.*

Langkornreis*, geschält oder aus Vollkorn, kocht körnig.*

Basmati-Reis *aus Indien hat lange, schlanke Körner und schmeckt fein-nussig.*

Risotto-Reis *ist ein Mittelkornreis, der stärkehaltiger ist als Langkornreis. Deshalb ist* ***Arborio-Reis*** *und* ***Klebreis*** *geeignet für Risotto, Sushi und Beilagenreis.*

Milchreis*, auch* ***Rundkornreis*** *genannt, wird beim Kochen weich – ideal für süße Reisgerichte.*

Roter *und* ***schwarzer Reis*** *stammen aus Thailand, roter auch aus der Carmargue, schwarzer aus Japan. Beide sind Mittelkornsorten mit nussig-würzigem Aroma. Sie werden wie Vollkornreis zubereitet.*

Wildreis *zählt – trotz des Namens – nicht zur Reisfamilie, sondern ist das Korn eines Sumpfgrases aus Nordamerika.*

Besonders würzig ist Reis, wenn er mit einer gewürfelten Zwiebel in etwas Öl unter Rühren glasig gedünstet wird.

Brühe, Fond oder Wasser unter Rühren zum Reis gießen und aufkochen lassen. Den Reis bei milder Hitze ausquellen lassen.

So wird Reis zubereitet

Zum Reiskochen werden Reis und Wasser im richtigen Verhältnis zueinander abgemessen. Für geschälten, parboiled und Risotto-Reis rechnet man 1 Teil Reis auf 2–2 1/2 Teile Wasser bei einer Garzeit von 20–30 Minuten, Naturreis wird 20–50 Minuten im Verhältnis 1 : 2 1/2 gegart und eingeweichter Wildreis 45 Minuten im Verhältnis 1 : 3.

Zubereitung: *Den Reis mit Flüssigkeit aufkochen und langsam bei milder Hitze ausquellen lassen. In Fett angedünsteter Reis schmeckt aromatischer (siehe oben). Für* ***Risotto*** *den Reis andünsten und Wasser, Fond, Brühe oder Weißwein nach und nach unter Rühren dazugeben. So wird Risotto-Reis besonders cremig.*

Milchreis kochen

Er schmeckt kalt oder warm serviert: in Milch gekochter Reis. Für Milchreis wird ***Rundkornreis*** *bevorzugt, weil er besonders viel Stärke enthält und während des Ausquellens schön weich wird. Weil Milchreis viel Flüssigkeit binden kann, wird er im Verhältnis 1: 4–6 etwa 30 Minuten gekocht. Zum Garen den Reis in die kochende Milch geben oder den Reis von Beginn an mit der Milch zum Kochen bringen und dann ausquellen lassen. Sehr fein schmeckt Milchreis, wenn ein Teil der Milch durch Schlagsahne ersetzt und eine aufgeschlitzte Vanilleschote mitgekocht wird. Da die Mischung aus Reis, Milch und Zucker schnell anbrennen kann, muß sie bei ganz milder Hitze unter gelegentlichem Umrühren ausquellen. Der Reis setzt nicht so leicht an, wenn der Zucker zum Schluß dazukommt.*

Gnocchi

Die italienische Spezialität aus **Kartoffelteig** fällt durch ihre schöne Optik auf. Zum Formen der Kartoffelplätzchen (500 g gekochte, durchgepreßte Kartoffeln, 150 g Mehl, 1 Ei, Salz) fingerdicke Rollen formen. Die Rollen auf einer bemehlten Arbeitsfläche in Scheiben schneiden und mit den Zacken einer Gabel Kerben in die Kartoffelplätzchen drücken. Die Gnocchi portionsweise in kochendes Salzwasser geben und 2–3 Minuten darin ziehen und abtropfen lassen.

Semmelknödel

Die herzhaften Knödel schmecken zu allen Gerichten mit kräftigen Saucen. **Zubereitung:** 50 g durchwachsenen, gewürfelten Speck braten. 2 gewürfelte Zwiebeln darin glasig dünsten, herausnehmen. Etwas Butterschmalz in die Pfanne geben und die Würfel von 6 alten Brötchen darin goldbraun rösten. 1/4 l heiße Milch darübergießen und mindestens 10 Minuten ausquellen lassen. 4 Eier, 2 Eigelb, Zwiebeln, Speck, Salz, Pfeffer und Petersilie unterrühren. 8 Knödel formen und 20 Minuten in siedendem Wasser garen.

Hefeklöße

Sie werden meistens mit Mohnbutter oder Kompott serviert. **Zubereitung:** 500 g Mehl mit 30 g Hefe, 1/4 l lauwarmer Milch, 1 Ei und 1/2 Tl Salz mit den Knethaken zu einem glatten Hefeteig verarbeiten, bis er Blasen wirft. Den Teig zugedeckt an einem warmen Ort 20 Minuten gehen lassen. Teig nochmals kneten. 8–12 Klöße formen und nochmals gehen lassen. Die Hefeklöße in einem breiten Topf mit sprudelnd kochendem Wasser portionsweise 20 Minuten **zugedeckt** garen.

Schwemm- und Grießklößchen

Die kleinen Klöße sind feine Einlagen in herzhaften Suppen oder in Obstsuppen und Kompott. Grieß- und Schwemmklößchen werden auf die gleiche Weise zubereitet: aus **Brandteig.**

Grießklöße:
1/4 l Milch, 50 g Butter, 1 Prise Salz, 100 g Grieß, 3 Eier.

Schwemmklöße:
1/4 l Milch, 20–30 g Butter, Salz, Muskat, 125 g Mehl, 3 Eier.

Milch, Fett und Salz aufkochen. Grieß oder Mehl unter Rühren dazugeben **(1)**. Die Masse kräftig rühren, bis sie sich als Kloß vom Topfboden löst **(2)**. Den Topf vom Herd nehmen, sofort 1 Ei unterrühren, kurz abkühlen lassen, restliche Eier unterrühren, kurz ruhenlassen **(3)**. Mit zwei feuchten Löffeln Klöße formen und in siedendem Wasser garen **(4)**.

1

2

3

4

Grieß- und Schwemmklöße sind in einer Gemüse- oder Hühnersuppe eine sättigende Einlage. Die Klöße sind gar, wenn sie an der Oberfläche des Kochwassers schwimmen: Grießklößchen brauchen etwa 5 Minuten, Schwemmklößchen 3–4 Minuten.

NUDELN, REIS UND KLÖSSE

Paprika-Consommé mit Quarknockerln und Saibling

Für 4–6 Portionen:
650 g Ochsenbeinfleisch (grob durchgedreht, zum Klären der Suppe)
250 g Gemüsezwiebel (fein gewürfelt)
5 Eiweiß
4 gehäufte El Paprikapulver (edelsüß)
1,5 kg rote Paprikaschoten
800 g geschälte Tomaten (a. d. Dose)
250 ml Weißwein
250 g Magerquark
1 Eigelb
1 gestr. El Speisestärke
Salz
Cayennepfeffer
1 Tl Kümmelkörner
4 Saiblingfilets (ohne Haut, à ca. 140 g)
3 Dillzweige
Außerdem:
12 Eiswürfel

1. Das Fleisch mit Eiswürfeln, Zwiebel, Eiweiß und dem Paprikapulver in einem breiten Topf gut verrühren und 30 Minuten ruhen lassen.

2. Die Paprikaschoten putzen, vierteln und mit der Hautseite nach oben unter dem Grill rösten, bis die Haut fast schwarz ist, herausnehmen und 5 Minuten mit einem feuchten Tuch bedecken, Paprikaschoten häuten. 4 Paprikaviertel fein würfeln.

3. Die restliche Paprika fein pürieren und mit Tomaten, Tomatensaft, Weißwein, 600 ml kaltem Wasser und zuletzt dem Fleisch-Eiweiß-Gemisch verrühren. Bei milder Hitze langsam zum Kochen bringen, dabei von Zeit zu Zeit vorsichtig mit dem Bratenwender umrühren, damit das Fleisch nicht ansetzt.

4. Sobald die Suppe kurz vor dem Siedepunkt ist, nicht mehr rühren und ca. 45–50 Minuten bei milder Hitze garen. Anschließend vorsichtig durch ein mit einem Mulltuch ausgelegtes Spitzsieb gießen und gut abtropfen lassen.

5. Inzwischen den Quark in einem Mulltuch gut ausdrükken. Mit Eigelb, Stärke, Salz, Cayenne und Kümmel glatt verrühren. Mit zwei Teelöffeln aus der Masse ca. 16 Nokkerln formen, dabei die Löffel immer wieder in heißes Wasser tauchen.

6. Jedes Nockerl sofort in kochendes Salzwasser gleiten lassen. Die Quarknockerln ca. 12 Minuten gar ziehen (nicht kochen!) lassen.

7. Inzwischen die Saiblingfilets entgräten, in 2 cm lange Rauten schneiden und salzen.

8. Die Consommé aufkochen lassen und eventuell nachwürzen. Die Saiblingstücke, Paprikawürfel und die gut abgetropften Nockerln hineingeben, den Topf vom Herd ziehen und den Fisch 2 Minuten gar ziehen lassen. Mit dem abgezupften Dill bestreuen.

Zubereitungszeit: 2 Stunden
Pro Portion (bei 6 Portionen)
30 g E, 6 g F, 10 g KH = 231 kcal (962 kJ)

Gnocchi mit Tomatensugo

Für 4–6 Portionen:
Gnocchi:
1 kg Kartoffeln (mehligkochend)
Salz
1 Ei
250 g Mehl
und Mehl zum Bearbeiten
50 g Hartweizengrieß
Muskatnuß (frisch gerieben)
Tomatensugo:
1,5 kg reife Tomaten
1 Zwiebel (50 g)
50 g Butter oder Margarine
Zucker
Salz
schwarzer Pfeffer (a. d. Mühle)
12 Blättchen frischer Salbei
100 g Parmesan (frisch gerieben)

1. Für die Gnocchi die Kartoffeln in Salzwasser kochen, noch warm pellen und durch die Kartoffelpresse drücken.

2. Inzwischen für den Sugo die Tomaten kreuzweise einritzen, kurz blanchieren, abschrecken und häuten. Die Stielansätze keilförmig herausschneiden.

3. Das Tomatenfleisch vierteln, entkernen und grob würfeln. Die Zwiebel pellen und fein würfeln. Die Butter oder Margarine in einer Pfanne zerlassen und die Zwiebelwürfel darin andünsten.

4. Die Tomatenwürfel dazugeben und bei milder Hitze einkochen lassen, bis der Tomatensugo eine dickliche Konsistenz bekommt.

5. Für die Gnocchi die Kartoffeln mit Ei, Mehl und Grieß verkneten, mit Salz und Muskat würzen.

6. Den Kartoffelteig zu Rollen formen, Stücke von der Rolle abschneiden. Jedes Stück mit einer Gabel eindrücken.

7. Die Gnocchi auf ein bemehltes Blech legen und portionsweise in kochendem Salzwasser 2–3 Minuten ziehen lassen. Mit der Schaumkelle herausnehmen, abtropfen lassen.

8. Den Tomatensugo mit 1 Prise Zucker, Salz, Pfeffer und Salbei würzen, über die Gnocchi geben und mit Parmesan bestreuen.

Zubereitungszeit: 1 1/2 Stunden
Pro Portion (bei 6 Portionen) 17 g E, 15 g F, 66 g KH = 474 kcal (1986 kJ)

NUDELN, REIS UND KLÖSSE

Sahnereis mit Erdbeeren und Orangen

Für 6–8 Portionen:
6 Orangen (unbehandelt)
500 g Erdbeeren
120 g Rundkornreis (Milchreis)
1/2 l Milch
2 Vanilleschoten
Salz
Schale von 1 Zitrone (unbehandelt, dünn abgerieben)
8 Blatt weiße Gelatine
80 g Zucker
1/2 l Schlagsahne
1/2 l Orangensaft (frisch gepreßt)
2 El Grand Manier (Orangenlikör)
Zitronenmelisse

1. 1 Orange heiß abspülen. Die Schale dünn schälen und in feine Streifen schneiden. Die restlichen Orangen wie Äpfel schälen und filieren. Die Hälfte der Orangenfilets und die Hälfte der geputzten Erdbeeren würfeln.

2. Den Milchreis mit Milch, ausgekratztem Vanillemark, 1 Prise Salz und abgeriebener Zitronenschale aufkochen und 25 Minuten ausquellen lassen.

3. Die Gelatine 10 Minuten in 100 ml Wasser einweichen, mit 40 g Zucker bei milder Hitze auflösen und unter den Reis rühren, 15 Minuten im Kühlschrank abkühlen lassen.

4. Die Sahne steif schlagen. Zuerst die Orangen- und Erdbeerwürfel, dann die Sahne unter den Reis heben. In eine kalt ausgespülte Form (1,5 l Inhalt) füllen und 3–4 Stunden kalt stellen.

5. Den restlichen Zucker in einer Pfanne hellgelb karamelisieren. Orangensaft, -schale und den Likör dazugeben und 5 Minuten kochen, abkühlen lassen.

6. Die restlichen Erbeeren halbieren. Die Orangenfilets und die Erdbeeren unter die Sauce mischen. Den Reis auf eine Platte stürzen, mit den Früchten und der Zitronenmelisse garnieren.

Zubereitungszeit: 1 Stunde (plus Kühlzeit)
Pro Portion (bei 8 Portionen)
8 g E, 23 g F, 48 g KH = 436 kcal (1825 kJ)

Buttermilch-Serviettenknödel

Für 8–10 Portionen:
500 g frisches Kastenweißbrot
200 g Schalotten
50 g Butter
1/2 l Buttermilch
5 Eier (Kl. L)
Salz
weißer Pfeffer (a. d. Mühle)
Muskatnuß (frisch gerieben)
8 El Öl

1. Die obere goldbraune Kruste vom Weißbrot dünn abschneiden, das Brot in 1 cm große Würfel schneiden.

2. Die Schalotten pellen, fein würfeln und in der Butter andünsten. Die Pfanne vom Herd nehmen, die Buttermilch in die Pfanne gießen und die Masse sofort über die Brotwürfel geben.

3. Die Eier trennen und das Eigelb zur Buttermilch-Brot-Mischung geben. Alles gut mit einem Holzlöffel vermengen und mit Salz, Pfeffer und Muskat würzen. Die Brotmasse mindestens 2 Stunden ausquellen lassen.

4. 2 Eiweiß steif schlagen und vorsichtig untermischen, das restliche Eiweiß anderweitig verwenden.

5. Die Knödelmasse über eine Länge von 30 cm am Rand der Längsseite eines Küchentuchs verteilen. Die Masse fest einrollen und die Enden fest mit Küchengarn zubinden. Das Küchentuch rundherum mit dem Öl einpinseln.

6. Den Serviettenknödel in einem langen Topf oder Bräter in leicht sprudelndes Salzwasser legen, so daß er bedeckt ist, und 55 Minuten ziehen lassen. Das Wasser darf nicht sprudelnd kochen!

7. Den Knödel aus dem Tuch rollen und in 1 cm dicke Scheiben schneiden.

Dazu paßt Rehragout mit Pfifferlingen und Maronen.

Zubereitungszeit: 1 1/4 Stunden
(plus Zeit zum Quellen)
Pro Portion (bei 10 Portionen) 10 g E,
16 g F, 28 g KH = 310 kcal (1300 kJ)

NUDELN, REIS UND KLÖSSE

Pilz-Lasagne

Für 4–6 Portionen:
50 g getrocknete Steinpilze
100 g Schalotten
500 g rosa Champignons
200 g Butter
Salz
schwarzer Pfeffer
(a. d. Mühle)
1/8 l Schlagsahne
75 g Mehl
1/2 l Milch
400 g Fontinakäse
(ersatzweise Raclettekäse)
250 g Lasagne-Nudelblätter
50 g Parmesan
(frisch gerieben)

1. Die Steinpilze in 3/8 l lauwarmem Wasser ca. 30 Minuten einweichen. Die Schalotten pellen und fein würfeln. Die Champignons putzen, waschen und abtropfen lassen. Große Pilze halbieren, eventuell sogar vierteln.

2. 30 g Butter in einer Pfanne erhitzen und die Schalottenwürfel darin glasig dünsten. Champignons dazugeben, salzen und pfeffern. Die Champignons bei starker Hitze so lange braten, bis die Flüssigkeit fast verdampft ist.

3. Die Steinpilze mit Einweichwasser und die Sahne dazugeben. Gut verrühren und bei mittlerer Hitze unter gelegentlichem Umrühren 10–12 Minuten einkochen, bis die Sauce dicklich-cremig ist. Abkühlen lassen.

4. Für die Béchamelsauce 150 g Butter schmelzen. Das Mehl unterrühren. Die Milch mit dem Schneebesen einrühren, langsam zum Kochen bringen. Dabei ständig rühren, bis die Sauce dicklich ist, mit Salz würzen.

5. Den Käse entrinden und in 1 cm große Würfel schneiden.

6. Eine Auflaufform (2 1/2 l Inhalt) mit der restlichen Butter ausfetten und mit einer Schicht Nudelblätter auslegen. Auf der Nudelschicht 1/4 der Pilzmischung gleichmäßig verteilen.

7. Von der Béchamelsauce 4 El abnehmen, zur Seite stellen. Auf die Pilze 1/4 der restlichen Béchamelsauce streichen und 1/4 der Käsewürfel darüber verteilen. Noch drei solche Schichten in die Form geben, die letzte Schicht mit Nudelblättern abdecken. Darauf die restliche Béchamelsauce streichen und den Parmesan daraufstreuen.

8. Die Lasagne im vorgeheizten Backofen bei 200 Grad (Gas 3, Umluft 20–25 Minuten bei 180 Grad) auf der 2. Einschubleiste von unten 30–35 Minuten backen. Wenn die Oberfläche zu braun wird, die letzten 10 Minuten mit Alufolie abdecken. Die Lasagne in der Form servieren.

Zubereitungszeit: 1 1/2 Stunden
Pro Portion (bei 6 Portionen) 34 g E, 61 g F, 47 g KH = 899 kcal (3761 kJ)

Hefeklöße mit Pflaumenkompott

Für 4 Portionen als Dessert:
8 g Hefe
1 El Zucker
4 El Milch
1 Ei (Kl. M)
125 g Mehl
Salz
600 g Pflaumen
1/8 l Pflaumensaft
1 Tl Speisestärke
2 El Zucker
1 El Zitronensaft
200 ml Walnußeis

1. Die Hefe und den Zucker in der lauwarmen Milch auflösen. Mit dem Ei zum Mehl geben und mit den Knethaken des Handrührers zu einem glatten Teig verkneten. Den Teig zugedeckt 20 Minuten gehen lassen.

2. Aus dem Hefeteig 8 Klöße formen und in kochendem Salzwasser in einem möglichst breiten Topf zugedeckt 20 Minuten garen.

3. Inzwischen die Pflaumen entsteinen und in Spalten schneiden.

4. Den Pflaumensaft mit Stärke, Zucker und Zitronensaft verrühren und zum Kochen bringen. Die Pflaumen dazugeben und zugedeckt 5 Minuten darin garen.

5. Die Hefeklöße nach dem Garen abtropfen lassen und mit zwei Gabeln aufreißen. Klöße mit Pflaumenkompott und Eis servieren.

Zubereitungszeit: 1 Stunde
Pro Portion 7 g E, 4 g F, 59 g KH = 306 kcal (1279 kJ)

Gebratene Buwespitzle mit Spitzkohl

Für 4 Portionen:
350 g Kartoffeln (mehligkochend)
Salz
1 Eigelb (Kl. L)
1 gestr. El Speisestärke
60 g Mehl
und Mehl zum Bearbeiten
weißer Pfeffer (a. d. Mühle)
Muskatnuß (frisch gerieben)
1,5 kg Spitzkohl
100 g Schalotten
100 g durchwachsener Speck (in Scheiben)
100 g Butter
2 El Öl
1 El Kümmelkörner
1 Bund Schnittlauch

1. Die Kartoffeln mit Schale in Salzwasser kochen. Etwas abkühlen lassen, pellen und noch warm durch die Kartoffelpresse drücken.

2. Das Eigelb, Stärke und Mehl zu den Kartoffeln geben, alles zu einer glatten Teigkugel verkneten, mit Salz, Pfeffer und Muskat würzen.

3. Den Kartoffelteig auf einer bemehlten Arbeitsfläche zu einer 40 cm langen Rolle formen, dann in 28 gleich große Scheiben schneiden. Die Scheiben erst zu Kugeln, dann zu Würstchen mit spitz zulaufenden Enden rollen.

4. Die Buwespitzle in kochendes Salzwasser gleiten lassen. Den Topf kurz darauf vom Herd ziehen. Sobald sie aufsteigen, die Buwespitzle noch 2 Minuten ziehen lassen, dann sofort in Salzwasser abschrecken, abtropfen lassen.

5. Vom Spitzkohl die äußeren dunkelgrünen Blätter entfernen. Den Kohl entblättern, die dicken Blattrippen herausschneiden, die Blätter in 2 cm große Stücke schneiden. Die Schalotten pellen, fein würfeln. Den Speck fein würfeln.

6. Den Speck in 50 g Butter in einem breiten Topf knusprig auslassen, die Schalotten darin andünsten. Den Spitzkohl untermischen, mit Salz und Pfeffer würzen, zugedeckt 8–10 Minuten dünsten.

7. Inzwischen die Buwespitzle in der restlichen heißen Butter mit dem Öl und dem Kümmel goldbraun braten. Den Schnittlauch in feine Röllchen schneiden.

8. Den Spitzkohl auf Tellern anrichten, die Buwespitzle dazulegen und mit der Bratbutter beträufeln. Mit Schnittlauch bestreuen.

Zubereitungszeit: 1 3/4 Stunden
Pro Portion 14 g E, 48 g F, 33 g KH = 622 kcal (2598 kJ)

Spaghetti mit Paprika und Pinienkernen

Für 4 Portionen:
3 rote Paprikaschoten (à 200 g)
3 gelbe Paprikaschoten (à 200 g)
2–3 Knoblauchzehen
2–3 mittelgroße rote Chilischoten
100 g Pinienkerne
500 g Spaghetti
Salz
100 ml Olivenöl (kaltgepreßt)
Pfeffer (a. d. Mühle)
1 Bund Basilikum

1. Die Paprikaschoten vierteln und entkernen. Auf der obersten Einschubleiste mit der Hautseite nach oben unter dem Backofengrill rösten, bis die Haut schwarze Blasen wirft. Die Paprika mit einem feuchten Tuch abdecken, kurz abkühlen lassen und häuten.

2. Die Paprika wieder auf ein Backblech legen und im Ofen bei 60–70 Grad (Gas 1, Umluft 2 Stunden bei 60 Grad) etwa 2–3 Stunden antrocknen lassen.

3. Den Knoblauch pellen und fein würfeln. Die Chilischoten längs halbieren, entkernen und sehr fein würfeln. Die Pinienkerne in einer Pfanne ohne Fett rösten und beiseite stellen.

4. Die Spaghetti in reichlich Salzwasser bißfest kochen, abgießen, mit 3 El Öl vermischen und warm halten. Paprikaviertel in 2–3 cm große Stücke schneiden.

5. 2 El Öl in einer Pfanne erwärmen. Knoblauch und Chilies darin bei milder Hitze etwa 1 Minute anschwitzen, ohne daß sie Farbe annehmen. Paprika, Pinienkerne und das restliche Öl dazugeben.

6. Alles zusammen vorsichtig erwärmen und mit den heißen Spaghetti in einer vorgewärmten Schüssel gut vermengen. Mit Salz und Pfeffer würzen. Die Basilikumblätter in grobe Streifen schneiden und vorsichtig unterheben.

Zubereitungszeit: 1 Stunde
(plus Zeit zum Trocknen)
Pro Portion 26 g E, 36 g F, 94 g KH =
828 kcal (3460 kJ)

Tip: ***Die Paprikaschoten können Sie auch am Vortag vorbereiten. Dann lassen Sie die gehäuteten Schoten zum Trocknen im ausgeschalteten, leicht geöffneten Ofen liegen.***

NUDELN, REIS UND KLÖSSE

Spaghettipuffer mit Parmesan

Für 4 Portionen:
300 g Spaghetti
Salz
30 g Parmesan (im Stück)
3 Eier (Kl. M)
Pfeffer (a. d. Mühle)
4 El Öl

1. Die Spaghetti in 4 Teile brechen, nach Packungsanweisung in Salzwasser kochen, abgießen, kurz abschrecken, gut abtropfen und etwas auskühlen lassen. Den Parmesan fein reiben.

2. Die kühlen Spaghetti mit den Eiern und dem geriebenen Parmesan vermengen, die Mischung mit Salz und Pfeffer würzen.

3. Das Öl in einer Pfanne erhitzen. Die Masse portionsweise mit einer Kelle in die Pfanne geben und zu kleinen Puffern flach drücken.

4. Die Puffer bei mittlerer Hitze auf jeder Seite 2–3 Minuten backen, herausnehmen und kurz auf Küchenpapier abtropfen lassen. Bereits gebratene Puffer im vorgeheizten Backofen warm halten.

Dazu paßt bunter Paprika-Kräuter-Quark.

Zubereitungszeit: 1/2 Stunde
Pro Portion 17 g E, 20 g F, 52 g KH = 454 kcal (1904 kJ)

Wirsingrisotto mit Steinpilzen

Für 4 Portionen:
1 kleiner Wirsing (ca. 600 g)
Salz
800 ml Gemüsefond (a. d. Glas)
300 g kleine feste Steinpilze
2 Zwiebeln (80 g)
30 g Butter
300 g Risotto-Reis (Arborio-Reis)
150 ml Schlagsahne
Pfeffer (a. d. Mühle)
Muskatnuß (frisch gerieben)
3 El Öl
1 El glatte Petersilie (gehackt)
25 g Pecorino (ital. Hartkäse)

1. Vom Wirsing die äußeren Blätter entfernen, den Strunk herausschneiden. Die Blätter vorsichtig voneinander lösen, die dicken Rippen herausschneiden. Die Blätter in 2 cm breite Streifen, dann in Rauten schneiden.

2. Den Wirsing in Salzwasser etwa 2 Minuten blanchieren, abschrecken und abtropfen lassen.

3. Den Gemüsefond erhitzen. Die Steinpilze putzen und in 1/2 cm dicke Scheiben schneiden. Die Zwiebeln pellen, fein würfeln und in der Butter andünsten.

4. Den Reis unterrühren und kurz mitdünsten. Mit 400 ml Fond auffüllen und bei milder Hitze unter häufigem Rühren 20 Minuten bei milder Hitze kochen. Den restlichen Fond nach und nach dazugießen, sobald die Flüssigkeit verkocht ist.

5. Die Sahne in 3 Minuten einkochen lassen. Mit Salz, Pfeffer und Muskat würzen. Den Wirsing unterheben und weitere 2 Minuten kochen.

6. Die Steinpilzscheiben im Öl von beiden Seiten anbraten, mit Salz und Pfeffer würzen, mit Petersilie bestreuen. Den Wirsing mit der Sahne unter den Risotto heben. Mit grobem Pfeffer, gehobeltem Pecorino und gebratenen Steinpilzen anrichten.

Zubereitungszeit: 1 1/4 Stunden
Pro Portion 15 g E, 28 g F, 65 g KH = 576 kcal (2408 kJ)

EIER

Vielseitig, unkompliziert, preiswert und unschlagbar schnell: So ist die Eierküche. Außerdem sind ihre Gerichte so populär, weil Krabbenbrot mit Rührei, Bauernomelett, Eierfrikassee mit Spargel, Russische Eier und Salzburger Nockerln einfach herrlich schmecken.

1. *Etwas Öl in einer Pfanne erhitzen. Den gegangenen Hefeteig mit einer Kelle in die Pfanne gießen.*

2. *Den Hefepfannkuchen mit Heidelbeeren bestreuen.*

3. *Die von beiden Seiten goldgelb gebackenen Heidelbeer-Hefe-Pfannkuchen im Ofen warm halten und mit Puderzucker bestreuen.*

Knusprig-locker und fruchtig-süß: Heidelbeer-Hefe-Pfannkuchen mit Ahornsirup und Schmand. Rezept Seite 136

ALLES ÜBER EIER

Heidelbeer-Hefe-Pfannkuchen

Zum Foto auf Seite 134

Für 8 Portionen
oder 16 kleine Pfannkuchen:
250 g Mehl
1/2 Würfel Hefe
3 El Zucker
Salz
1/2 l lauwarme Milch
300 g Heidelbeeren
16 Tl Öl
2 El Puderzucker
400 g Schmand
1 Tl Zitronensaft
80 ml Ahornsirup

1. Das Mehl in eine Schüssel geben, in die Mitte eine Mulde drücken. Die Hefe hineinbröckeln, 2 El Zucker und 1 Prise Salz dazugeben.

2. Die Milch in die Schüssel gießen und alle Zutaten gut miteinander verrühren. Die Masse zugedeckt an einem warmen Ort 30 Minuten gehen lassen.

3. Inzwischen die Heidelbeeren verlesen, waschen und abtropfen lassen.

4. 1 Tl Öl in einer Pfanne erhitzen. Den Teig nochmals durchrühren. Etwas Teig in die Pfanne gießen, mit 1 El Heidelbeeren bestreuen und von beiden Seiten goldgelb backen. Gebackene Hefepfannkuchen im Backofen bei 100 Grad (Gas 1) warm halten.

5. Aus dem restlichen Teig auf die gleiche Weise Pfannkuchen backen. Mit Puderzucker bestäuben.

6. Inzwischen den Schmand mit Zitronensaft und restlichem Zucker verrühren. Je 2 Heidelbeer-Hefe-Pfannkuchen mit etwas Ahornsirup beträufeln und mit Schmand servieren.

Zubereitungszeit: 1 1/4 Stunden
Pro Portion 7 g E, 23 g F, 46 g KH = 420 kcal (1762 kJ)

Frisch, beliebt und vielseitig: Eier

Nicht am Lege-Tag schmecken Eier am besten, voll aromatisch sind sie zwischen dem dritten und zehnten Tag. Ob ein Huhn weiße oder braune Eier legt, hängt ab von der Hühnerrasse. Und ob das Eigelb blaß- oder sonnengelb aussieht, bestimmen die im Futter enthaltenen Farbstoffe. Wegen Salmonellengefahr sollten Eier schnell verbraucht werden.

Die Frische-Tests** zeigen, wie alt ein Ei ist: durch eine **Aufschlag-** und durch eine **Schwimmprobe.

Je älter ein Ei wird, desto mehr verdunstet das im Dotter und Eiweiß enthaltene Wasser durch die kalkhaltige Eierschale. Die fehlende Masse wird dabei durch Luft ersetzt. Die Luftkammer wird somit im Laufe des Lagerns größer und größer – und das Ei beginnt im Wasserglas aufzusteigen.

***1** Ein frisch gelegtes Ei hat ein gewölbtes Dotter und ist umgeben von festem, gallertartigem Eiweiß. In einem mit Wasser gefüllten Glas sinkt es auf den Boden.*

***2** Bei einem etwa 7 Tage alten Ei beginnt das Eiweiß auseinanderzufließen und das Dotter wird etwas flacher. Im Wasserglas richtet sich das Ei bereits auf.*

***3** Das Dotter eines drei Wochen alten Eis ist flach und das Eiweiß wäßrig-flüssig. Das Ei schwimmt an der Wasseroberfläche. Es sollte nur noch durchgegart gegessen werden.*

1

1

2

2

3

3

Eier schneiden

Hartgekochte Eier lassen sich schnell und einfach mit Eierschneidern in Scheiben, Würfel oder Sechstel teilen. Der Vorteil der Geräte: Eigelb und Eiweiß werden glatt zerteilt und nicht zerdrückt. Auf dem Universal-Schneider werden nicht nur Eier am gleichmäßigsten geschnitten, sondern auch Champignons und Kiwis. Zum Garnieren von kalten Platten oder Salaten sehen Eisechstel dekorativ aus.

Eier trennen

Das Ei am Schüsselrand anschlagen und auseinanderbrechen. Das Eigelb von einer Schalenhälfte in die andere gleiten lassen, während das Eiweiß in eine Schüssel fließt.

Eischnee

Das geschlagene Eiweiß hat die richtige Konsistenz, wenn der Eischnee „Spitzen" bildet. Eiweiß wird nur fest, wenn Eidotter und Eiweiß säuberlich getrennt und die Quirle fettfrei sind.

Eigelb

Eigelb wird kalt mit dem Handrührer oder warm (im Wasserbad) mit dem Schneebesen aufgeschlagen für Soufflés, Cremes oder Eiersaucen. Es bindet durch Schlagen – wie Eischnee – Luft und macht Speisen dadurch lockerer.

Eier füllen

Der beliebte Party-Snack ist schnell und einfach zubereitet. Zum Füllen die Eier hart kochen und abkühlen lassen. Vorsichtig mit einem Messer halbieren und das Eigelb aus dem Eiweiß lösen. Die Eigelbhälften mit Sahne, Mayonnaise oder Frischkäse zu einer spritzfähigen Masse verrühren, mit Salz und Pfeffer würzen. Nach Belieben die Füllung mit fein geschnittenen Gemüsewürfeln verfeinern. Die Füllung in einen Spritzbeutel mit Sterntülle geben und spiralförmig in die Eihälften spritzen. Die gefüllten Eier eventuell mit Kräutern oder Kaviar garnieren.

Eierstich

In Würfel geschnitten ist Eierstich eine feine Einlage in klaren Suppen. ***Zubereitung:*** *2 Eier mit 1/4 l Flüssigkeit (Sahne, Milch, Brühe) verschlagen und mit Salz, Pfeffer und Muskat würzen. Die Flüssigkeit in eine gut ausgefettete, kleine Form gießen und mit Alufolie verschließen. Die Masse im Wasserbad in einem geschlossenen Topf oder auf der Saftpfanne im Backofen bei milder Hitze in 15–20 Minuten stokken lassen. Das Wasser darf während des Garens nicht kochen, damit der Eierstich feinporig und nicht löcherig wird.*

Leicht und schnell: Rührei

Rührei wird besonders cremig und locker, wenn man nicht allein die Eier miteinander verquirlt, sondern pro Ei eine halbe Eierschale Mineralwasser, Milch oder Schlagsahne dazugibt und mit etwas Salz würzt. Die Eier werden dabei schnell, aber nicht zu kräftig geschlagen, sonst wird die Masse zäh. Zum Stocken der Eier etwas Butter oder Margarine in die Pfanne geben und erhitzen.

Die ***Eimasse*** *in die Pfanne gießen und* ***bei milder Hitze stocken lassen****. Beginnt das Ei fest zu werden, schiebt man die Masse vorsichtig von außen nach innen zusammen. Wenn das Ei noch locker ist und feucht glänzt, wird es vom Herd genommen. Rührei beginnt bereits bei einer Temperatur von 70–80 Grad zu stocken. Deshalb darf es nicht bei großer Hitze garen, sonst wird es schnell hart und trocken.*

EINKAUF

Kaufen Sie Eier möglichst von Hühnern aus Freilandhaltung. Und kaufen Sie nur frische Eier in kleinen Mengen. Die Frische von Eiern erkennen Sie am Lege- oder am Mindesthaltbarkeitsdatum, aufgedruckt auf dem Ei oder auf der Verpakkung. Das Legedatum und das Verpakkungsdatum müssen nicht identisch sein. Ist das Legedatum nicht angegeben, läßt es sich etwas mühsam ableiten, indem Sie vom auf der Verpackung aufgedruckten Kühldatum („vom ... bei 5 bis 8 Grad kühlen") 18 Tage abziehen.

ALLES ÜBER EIER

Schaumomelett und Soufflé

Der Teig, aus dem Schaumomelett und Soufflé bereitet werden, ist identisch. Sie werden nur auf unterschiedliche Weise gebacken. ***Zubereitung*** *für 2–3 Portionen Schaumomelett oder 1 Soufflé: 3 Eiweiß steif schlagen. 3 Eigelb mit 1 Prise Salz, 1 El Zucker, Saft und abgeriebener Schale von 1/2 Zitrone schaumig schlagen. Ein Viertel des Eischnees unter die Eigelbmasse ziehen. Die Eigelbmasse vorsichtig unter den Eischnee heben.*

Schaumomelett backen

Für das Schaumomelett einen Teil Teig in die aufgeschäumte Butter geben. Die Hitze herunterschalten und die Pfanne zudecken. Das Omelett 12–15 Minuten backen, ohne den Deckel abzuheben, sonst fällt es zusammen. Das Omelett nur von einer Seite backen. Es ist gelungen, wenn die Unterseite goldgelb und die Innenseite schaumig-locker ist. Zusammengeklappt servieren.

Soufflé backen

Für das Soufflé eine ofenfeste Form ausfetten, die empfindliche Eimasse einfüllen und mit einem nassen Messer die Oberfläche kreisförmig einritzen: So erhält sie dekorative Risse. Das Soufflé im vorgeheizten Backofen bei 180 Grad (Gas 2–3) 35–50 Minuten backen. Die Ofentür dabei nicht öffnen, damit die Masse nicht zusammenfällt. Das Soufflé sofort servieren.

Eier pochieren

Bei dieser Garmethode werden die Eier ohne Schale in Essigwasser gegart. Damit das Eiweiß während des Pochierens zusammenhält, müssen die ***Eier sehr frisch*** *und* ***gut gekühlt*** *sein. Sie schmecken zu milden oder pikanten Saucen, zu Gemüse oder in Suppen.*

Zubereitung:

1. *In einem breiten flachen Topf 2 l Wasser mit 1/4 l Essig zum Sieden bringen. Jedes frische, gekühlte Ei in eine Kelle schlagen und von dort vorsichtig in das Wasser gleiten lassen.*

2. *Das leicht stockende Eiweiß mit zwei Eßlöffeln über das Eigelb ziehen.*

3. *Nach 2 Minuten ist das Eiweiß auf der Unterseite fest. Die Eier dann wenden. Nach weiteren 2 Minuten sind sie innen noch weich und außen fest. Die Eier mit einer Schaumkelle aus dem Wasser heben und abtropfen lassen.*

1

2

3

Weinschaumsauce

Die schaumige Sauce aus Eigelb, Zucker und Wein heißt in Italien Zabaione, in Frankreich Sabayon. Die Weinschaumsauce paßt, heiß oder kalt serviert, zu Kompott, Obstsalaten, Eis und Puddingen.
Zubereitung für 4 Portionen: *4 Eigelb, 2 Eier, 4 El Zucker und 1/8 l Marsala oder Weißwein verrühren und im Wasserbad oder in einem breiten Topf bei milder Hitze so lange schlagen, bis die Masse aufsteigt und sich verdreifacht hat. Der Schaum darf nicht kochen, sonst fällt er zusammen. Wird die Sauce kalt serviert, wird sie in einem Eiswasserbad weitergeschlagen, bis sie kalt ist.*

Eierpfannkuchen

Sie sind mit süßer oder salziger Beilage eine sättigende Hauptmahlzeit.
Zubereitung für 10–12 Eierpfannkuchen:
175 g Mehl mit 1 El Stärke, 1/2 l Milch, 4–6 Eiern und 1 Prise Salz verrühren. In einer Pfanne etwas Öl oder Butterschmalz erhitzen, den Teig mit einer Kelle dazugeben. Die Pfannkuchen bei mittlerer Hitze von beiden Seiten goldbraun backen.

1. *Für Apfel- oder andere Obstpfannkuchen Apfelspalten oder Früchte auf den Eierkuchenteig geben.*

2. *Den Pfannkuchen erst wenden, wenn die Unterseite gebräunt ist. Apfelpfannkuchen goldbraun backen.*

INHALTSSTOFFE

Das Eiklar besteht aus leichtverdaulichem Eiweiß und Wasser. Im Gelben vom Ei ballen sich Vitamin A und D, Eisen, Phosphor, Wasser, Fett und Eiweiß. Nur wer einen erhöhten Cholesterinspiegel hat, sollte Eier meiden. In einem Ei stecken etwa 95 Kalorien, 75 davon im Eigelb.

Öl langsam dazugießen

Cremig: Mayonnaise

Vielseitige Salatsauce: Mayonnaise

Die gehaltvolle Sauce aus Eigelb und Öl verfeinert vor allem Salate. Sie läßt sich mit Senf, Roquefort, Dill, Curry, Ketchup, Meerrettich, Limetten oder Nüssen beliebig aromatisieren. Da 1 Eßlöffel 200 Kalorien enthält, wird sie meistens mit Joghurt, Quark, Schlagsahne oder saurer Sahne verlängert, um Kalorien zu sparen. Selbstgemachte Mayonnaise schmeckt am besten mit einem neutralen Pflanzenöl wie Sonnenblumen-, Maiskeim- oder Erdnußöl. Mit Olivenöl hergestellte Mayonnaise ist zu streng im Aroma.

Zubereitung für 4–6 Portionen:
2 Eigelb mit 1 Tl Senf, Salz und 1 Prise Zucker verrühren. Von 1/4–3/8 l Öl einige Tropfen mit dem Handrührer auf höchster Stufe unterschlagen. Das restliche Öl unter ständigem Rühren in dünnem Strahl dazugießen. Die cremige Mayonnaise mit 1–2 El Zitronensaft würzen. Damit die Mayonnaise nicht gerinnt, müssen alle Zutaten die gleiche Temperatur haben, am besten Zimmerwärme. Sollte sie doch einmal mißlingen, rettet man sie so: 1 Eigelb in eine neue Schüssel geben und nach und nach die geronnene Mayonnaise kräftig unterschlagen.

Eigelb in den Topf geben

Masse ständig schlagen

Butter dazugeben

Eiersaucen: veredeln Gemüse, Fleisch und Fisch

Die Hollandaise, auch holländische Sauce genannt, ist die Grundsauce aller Eiersaucen. Sie läßt sich mit Tomatenpüree verfeinern und heißt dann Sauce Choron. Sauce Mousseline ist cremig durch geschlagene Sahne, und Sauce Béarnaise wird mit einer Essenz aus Kräutern und Schalotten zubereitet. Die feinen Saucen passen zu zarten Gemüsen, zu pochierten Eiern und edlen Fleisch- und Fischgerichten.
Zubereitung einer Hollandaise für 4 Portionen:
4 Eigelb und 4 El Wasser oder Weißwein im Wasserbad oder im Topf bei milder Hitze so lange mit dem Schneebesen aufschlagen, bis die Masse dicklich-cremig ist und sich ihr Volumen verdreifacht hat. Das dauert etwa 10 Minuten. Die Sauce darf während des Schlagens nicht kochen! Dann 125 g eiskalte Butterstückchen nach und nach unter ständigem Schlagen unter die Sauce geben. Mit Salz, Pfeffer und eventuell etwas Zitronensaft würzen. Die Hollandaise sofort servieren.
Die Sauce kann beim Unterziehen der Butter gerinnen! Wird sie krisselig, beginnen sich Eimasse und Fett voneinander zu trennen. Die Sauce dann sofort aus dem Wasserbad heben und 1–2 Eßlöffel eiskalte Sahne, Eiswasser oder Eisstücke unterschlagen, bis sie glatt ist. Sauce wieder ins Wasserbad setzen. Die restliche Butter unterschlagen.

EIER-KLASSEN

Eier werden nicht mehr in den Gewichtsklassen 0–7 angeboten, sondern in S, M, L und XL.
So rechnen Sie die Eierklassen um:

XL = Gew.-Kl. 0–1
L = Gew.-Kl. 2
M = Gew.-Kl. 3–4
S = Gew.-Kl. 5–7

Russische Eier mit Forellenkaviar

Für 8 Portionen:
4 Eier (Kl. M)
1 Zwiebel (50 g)
1 kleiner Apfel
30 g Butter (zimmerwarm)
1 El Zitronensaft
30 g Mayonnaise (40 %)
1/4 Bund Dill
Salz
Pfeffer (a. d. Mühle)
30 g Forellenkaviar

1. Die Eier hart kochen, abschrecken, pellen und der Länge nach halbieren. Das Eigelb herausnehmen.

2. Die Zwiebel pellen und fein würfeln. Den Apfel schälen, Kerngehäuse entfernen, Apfel fein würfeln.

3. Eigelb mit weicher Butter, Zitronensaft, Apfel, Zwiebel und Mayonnaise pürieren. Den Dill hacken und unter die Eigelbmasse heben, salzen und pfeffern.

4. Die Masse in die Eier füllen, mit Forellenkaviar garnieren.

Zubereitungszeit: 25 Minuten
Pro Portion 5 g E, 10 g F, 2 g KH = 122 kcal (509 kJ)

Russische Eier mit Matjes und Kapern

Für 8 Portionen:
4 Eier (Kl. M)
1 Zwiebel (50 g)
1 kleiner Apfel
1/2 El Zitronensaft
1 El Mayonnaise (40 %)
1 Matjesfilet
Salz
Pfeffer (a. d. Mühle)
15 g Kapern

1. Die Eier hart kochen, abschrecken, pellen und der Länge nach halbieren. Das Eigelb herausnehmen.

2. Die Zwiebel pellen und fein würfeln. Den Apfel schälen, Kerngehäuse entfernen, Apfel fein würfeln.

3. Das Eigelb mit Zitronensaft, Mayonnaise, Apfel und Zwiebel pürieren. Das Matjesfilet kalt abspülen, fein hacken und unter die Eigelbmasse rühren. Wenig salzen und pfeffern.

4. Die Masse in die Eier füllen und mit Kapern garnieren.

Zubereitungszeit: 25 Minuten
Pro Portion 6 g E, 8 g F, 2 g KH = 106 kcal (445 kJ)

Eierfrikassee mit Spargel

Für 4 Portionen:
500 g Spargel
250 g Champignons
40 g Butter oder Margarine
Salz
Zucker
2 El Mehl
1/2 l Brühe (Instant)
1/4 l Schlagsahne
6 Eier
150 g junge Erbsen (TK)
1–2 El Zitronensaft
Pfeffer (a. d. Mühle)
2 El Öl

1. Den Spargel schälen und in kurze Stücke schneiden. Die Champignons putzen und in Scheiben schneiden.

2. Die Butter oder Margarine erhitzen, den Spargel im Fett andünsten, mit Salz und 1 Prise Zucker würzen. Mit Mehl bestäuben und anschwitzen.

3. Brühe und Sahne unter kräftigem Rühren dazugießen und 15 Minuten bei schwacher Hitze kochen lassen.

4. Die Eier 8 Minuten kochen, abschrecken, pellen und sechsteln. Die Erbsen unter den Spargel geben und erhitzen. Das Frikassee mit Zitronensaft und Pfeffer würzen.

5. Die Champignons im heißen Öl von beiden Seiten braun braten und mit den Eiern vorsichtig unter das Frikassee geben.

Dazu paßt Kartoffelpüree mit Kresse.

Zubereitungszeit: 1/2 Stunde
Pro Portion 20 g E, 43 g F, 17 g KH = 530 kcal (2215 kJ)

Salzburger Nockerln

Für 4 Portionen:
4 Eiweiß (Kl. M)
1 Tl Zitronensaft
1 Tl abgeriebene Zitronenschale (unbehandelt)
100 g Zucker
1 Pk. Vanillinzucker
1 Eigelb (Kl. M)
2 El Mehl
Fett für die Form
2 El Puderzucker

1. Das Eiweiß mit Zitronensaft und Zitronenschale mit den Quirlen des Handrührers zu sehr festem Schnee schlagen. Dabei nach und nach den Zucker und den Vanillinzucker einrieseln lassen und so lange weiterschlagen, bis sich der Zucker aufgelöst hat.

2. Das Eigelb etwas verrühren und mit einem Schneebesen locker unter die Eischneemasse ziehen. Das Mehl darübersieben und vorsichtig unterheben.

3. Die Masse mit einem Teigschaber portionsweise in großen Nockerln in eine gut gefettete Auflaufform (800 ml Inhalt) setzen.

4. Die Nockerln im vorgeheizten Backofen bei 225 Grad (Gas 4, Umluft nicht empfehlenswert) auf der untersten Einschubleiste 10 Minuten backen.

5. Die Nockerln mit etwas durchgesiebtem Puderzucker bestäuben, sofort servieren.

Dazu paßt Beerenkompott.

Zubereitungszeit: 1/2 Stunde
Pro Portion 5 g E, 3 g F, 36 g KH = 195 kcal (821 kJ)

Krabbenbrot mit Rührei

Für 4 Portionen:
1 Bund Schnittlauch
8 Eier (Kl. L)
8 El Schlagsahne
Salz
Pfeffer (a. d. Mühle)
4 Scheiben Vollkornbrot
100 g Butter
250 g frische Nordseekrabben

1. Den Schnittlauch in feine Röllchen schneiden. Die Eier mit der Sahne verquirlen, mit Salz und Pfeffer würzen. Den Schnittlauch bis auf 1 El unterziehen.

2. Die Brotscheiben mit jeweils 15 g Butter bestreichen.

3. Die restliche Butter in einer Pfanne schmelzen. Die Eimasse ins Fett gießen und bei mittlerer Hitze langsam stocken lassen. Dabei das gestockte Ei mit dem Pfannenwender langsam von außen nach innen zusammenschieben.

4. Die gebutterten Brotscheiben auf Teller legen, das Rührei darauf verteilen und mit den frischen Krabben und restlichem Schnittlauch bestreuen.

Zubereitungszeit: 20 Minuten
Pro Portion 31 g E, 42 g F, 24 g KH = 592 kcal (2481 kJ)

Pochierte Eier mit Sauerampfersauce

Für 4 Portionen:
2 Zwiebeln (80 g)
50 g Butter oder Margarine
2 El Mehl
400 ml Gemüsefond
(a. d. Glas)
150 g Crème fraîche
1 Bund Sauerampfer
Salz
Pfeffer (a. d. Mühle)
Zucker
5 El Weißweinessig
8 Eier

1. Die Zwiebeln pellen und in sehr feine Würfel schneiden. In der heißen Butter oder Margarine glasig dünsten. Das Mehl darüberstäuben und kurz anschwitzen, mit Fond und Crème fraîche ablöschen. 5 Minuten kochen lassen, dabei ständig rühren.

2. Den Sauerampfer putzen und grob hacken, 1 Suppenkelle Sauce dazugeben und mit dem Schneidstab des Handrührers oder im Mixer pürieren.

3. Den pürierten Sauerampfer unter die Sauce rühren, aber nicht mehr kochen lassen. Mit Salz, Pfeffer und 1 Prise Zukker würzen.

4. 2 l Wasser mit 1 Tl Salz und dem Essig zum Kochen bringen. Die Eier nacheinander aufschlagen und jeweils in eine Suppenkelle geben. Einzeln in das nur noch schwach kochende Wasser gleiten lassen. Die Eier 6–7 Minuten pochieren und dabei einmal mit zwei Eßlöffeln umdrehen.

5. Die Sauce nochmals kurz erhitzen. Die Eier abtropfen lassen und mit der Sauce auf Tellern anrichten.

Dazu passen Röstkartoffeln.

Zubereitungszeit: 1/2 Stunde
Pro Portion 17 g E, 34 g F, 13 g KH = 429 kcal (1796 kJ)

Buntes Bauernomelett

Für 4 Portionen:
150 g Zuckerschoten
200 g Erbsen (TK oder ca. 650 g Erbsenschoten)
Salz
500 g gekochte Kartoffeln
100 g Zwiebeln
60 g durchwachsener Speck (in Scheiben)
100 g Tomaten
1 Bund Petersilie
2 El Öl
Pfeffer (a. d. Mühle)
4 Eier
100 ml Schlagsahne

1. Die Zuckerschoten waschen, die Enden abknipsen und die Schoten entfädeln. Die Zuckerschoten zusammen mit den Erbsen in Salzwasser 5 Minuten kochen, dann in ein Sieb schütten und abschrecken.

2. Die Kartoffeln in 1 cm große Würfel schneiden. Die Zwiebeln pellen und grob würfeln. Den Speck in feine Streifen schneiden.

3. Die Tomaten vierteln, entkernen und in Streifen schneiden. Die Petersilienblätter abzupfen und grob hacken.

4. Das Öl in einer großen Pfanne erhitzen. Kartoffeln, Zwiebeln und Speck darin 8–10 Minuten braten. Zuckerschoten, Erbsen, Tomaten und Petersilie untermengen, mit Salz und Pfeffer würzen.

5. Die Eier mit der Sahne verquirlen und kräftig mit Salz und Pfeffer würzen. Die Eimasse in eine große, ofenfeste, gefettete Pfanne gießen und 2–3 Minuten anstocken lassen. Das Gemüse darauf verteilen.

6. Das Bauernomelett in der Pfanne im vorgeheizten Backofen bei 200 Grad (Gas 3, Umluft 180 Grad) auf der 2. Einschubleiste von unten 8–10 Minuten backen. Auf eine Platte stürzen, dabei eine Hälfte über das Gemüse klappen.

Zubereitungszeit: 1 Stunde
Pro Portion 16 g E, 31 g F, 26 g KH = 450 kcal (1878 kJ)

FRÜCHTE

Aprikosen, Kirschen, Erd- und Himbeeren stecken sonnengereift voller Frische, Farbe, Duft und Aroma. Aus der Hand gegessen, sind sie schon Genuß pur. Als Salat, Grütze oder Terrine, warm oder eiskalt, solo oder mit anderen Früchten kombiniert, sind sie die Krönung jedes Menüs.

***1.** Die gehäuteten und in Spalten geschnittenen Aprikosen mit Zitronenschale, Zucker und Wein zum Kochen bringen.*

***2.** Die Früchte mit angerührter Speisestärke andicken.*

***3.** Die Himbeeren vorsichtig unter das heiße Aprikosenkompott heben, nicht mitkochen lassen.*

Farbenfroh und sommerfrisch: mit Wein verfeinertes Aprikosen-Himbeer-Kompott und Grießflammeri. Rezept Seite 148

ALLES ÜBER FRÜCHTE

Aprikosen-Himbeer-Kompott

Zum Foto auf Seite 146

Für 6 Portionen:
700 g Aprikosen
80 g Zucker
Schale von 1/2 Zitrone (unbehandelt)
250 ml Weißwein
1 El Speisestärke
250 g Himbeeren

1. Die Aprikosen waschen, in siedendes Wasser geben und kurz blanchieren, herausnehmen, abschrecken, kreuzweise einritzen und häuten (siehe rechts unten).

2. Die Aprikosen halbieren, entsteinen und das Fruchtfleisch in Spalten schneiden.

3. Die Aprikosenspalten mit Zucker und Zitronenschale in einen Topf geben. Den Wein mit 150 ml Wasser dazugeben. Die Früchte bei mittlerer Hitze aufkochen lassen.

4. Inzwischen die Stärke mit 4 El Wasser verrühren. Zu den Früchten gießen und umrühren. Das Aprikosenkompott 1 Minute kochen lassen.

5. Die verlesenen Himbeeren in das Kompott geben, nicht mehr kochen lassen. Die Zitronenschale entfernen. Das Aprikosen-Himbeer-Kompott abkühlen lassen.

Dazu paßt Grießflammeri.

Zubereitungszeit: 3/4 Stunde
Pro Portion 2 g E, 0 g F, 26 g KH = 132 kcal (558 kJ)

Obst: frisch und reif muß es sein

Erdbeeren, Aprikosen und Melonen sind erntefrisch am aromatischsten. Kaufen Sie Obst nur, wenn es Saison hat und von bester Qualität ist. Es sollte reif sein und schnell verbraucht werden. Himbeeren, Äpfel und Orangen sind reich an Vitaminen, Mineral- und Ballaststoffen und arm an Kalorien. Deshalb sollten Sie täglich Früchte essen.

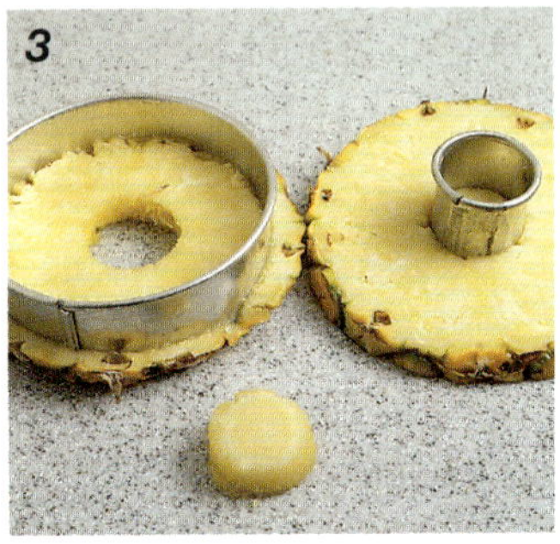

So wird Ananas in Stücke geteilt

***Die Südfrucht** läßt sich auf mehrere Arten zerteilen. Die einfachste Möglichkeit: Die beiden Enden von der Ananas abschneiden, die Frucht längs halbieren und sechsteln. Den harten Strunk herausschneiden. Die Sechstel erst dreimal längs bis auf die Ananasschale und dann mehrmals quer einschneiden **(1)**. Die Ananasstücke mit einem Messer von der Schale schneiden **(2)**. Für Ananasringe die Frucht in etwa 1 cm dicke Scheiben schneiden. Mit runden Ausstechern Schale und Strunk entfernen: mit einem großen die Ananasschale, mit einem kleinen den Strunk **(3)**. Das in der Ananas enthaltene Enzym Bromelin verhindert, daß Gelees, Sahne- und Eierspeisen fest werden. Tip: Ananas vorher blanchieren.*

Apfel

Am gleichmäßigsten gelingen Apfelwürfel so: Den Apfel rundherum in Scheiben vom Kerngehäuse schneiden. Die Scheiben dann in feine Würfel teilen und mit Zitronensaft betäufeln.

Melone

Kugelrund sieht Melone sehr dekorativ aus in Obstsalaten, Grützen oder zu Eis. Dazu die Melone halbieren, entkernen und das Fruchtfleisch mit einem Kugelausstecher in Form bringen.

Johannisbeeren

Das Abstreifen oder Entrebeln von roten und weißen Johannisbeeren geht am schnellsten mit einer Gabel. Für Saft oder Gelee die Stiele ruhig mitkochen. Den Saft aus den Beeren mitsamt Stielen pressen.

Schnell gemacht: Aprikosen und Pfirsiche häuten

*Die beiden Sommerfrüchte haben eine zähe Haut wie Tomaten und Paprikaschoten. Für Kompott, Grützen und als Tortenbelag ist es deshalb von Vorteil, die Haut zu entfernen. Zum **Blanchieren** Wasser zum Sieden bringen und die Aprikosen und Pfirsiche hineingeben. Nach etwa 30–60 Sekunden das Obst mit einer Schaumkelle herausheben **(1)** und sofort*

Erdbeeren

Damit die empfindlichen Früchte beim Waschen nicht zerdrückt werden: Die Erdbeeren in einen Durchschlag geben, in kaltes Wasser tauchen, abtropfen lassen. Stielansätze dann erst entfernen.

Zum Einfrieren die gewaschenen, geputzten Erdbeeren auf ein Tablett legen und im Tiefkühlfach anfrieren lassen. Die Früchte dann in einen Gefrierbeutel füllen und einfrieren: So haften sie nicht aneinander und bleiben schön in Form.

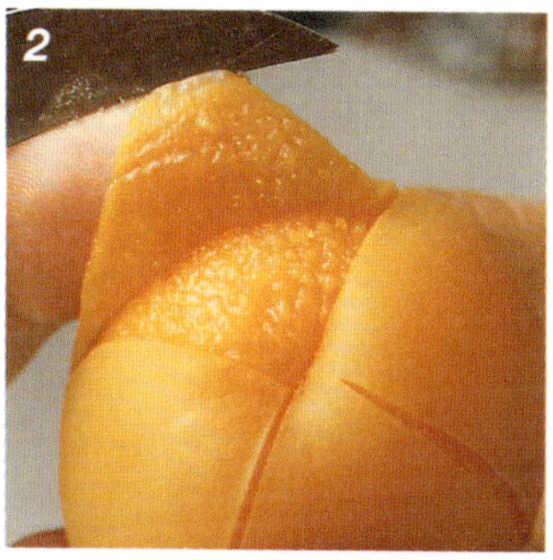

in eiskaltem Wasser oder in Eiswasser (Wasser mit Eiswürfeln) **abschrecken**, damit die Früchte nicht weich werden. Obst herausnehmen und abtropfen lassen. Pfirsiche und Aprikosen nach dem Blanchieren an ihrer Unterseite mit einem Messer vorsichtig **kreuzweise einritzen**. Die Haut von der Spitze her vom Fruchtfleisch lösen und mit einem Messer abziehen **(2)**. Die Früchte halbieren und die Steine entfernen. Zum Würfeln die Aprikosen halbieren und einmal waagerecht zerteilen, Pfirsiche eventuell zweimal.

Die Scheiben längs in Streifen, die Streifen in feine Würfel schneiden **(3)**. Für Aprikosen- und Pfirsichspalten die Früchte halbieren und die Hälften schräg dritteln. Oder die Früchte im ganzen rundherum mit einem scharfen Messer Spalte für Spalte vom Stein schneiden. Aufgeschnittene Aprikosen und Pfirsiche nicht lange stehen lassen oder mit etwas Zitronensaft beträufeln, damit sie nicht braun anlaufen. Reife Aprikosen und Pfirsiche sollten schnell verbraucht werden.

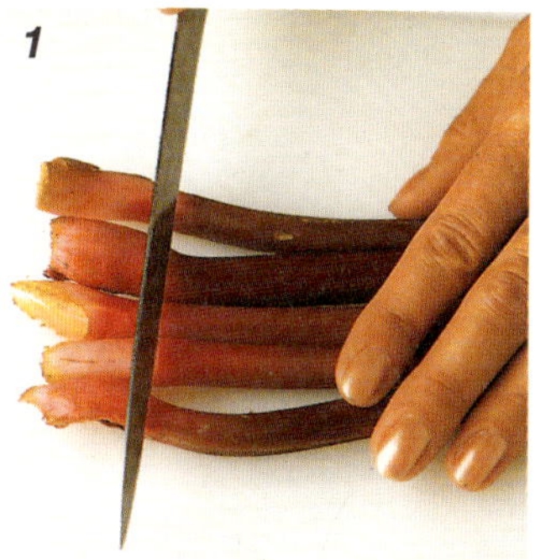

Rhabarber

Zum Putzen von Rhabarber die Blätter und die Stielenden abschneiden **(1)**. Hat die Rhabarbersorte grobe Fasern, werden sie vom Stielende her abgezogen **(2)**. Rhabarber für Kompott, Grützen oder Kuchen in gleichmäßige Stücke schneiden **(3)**.

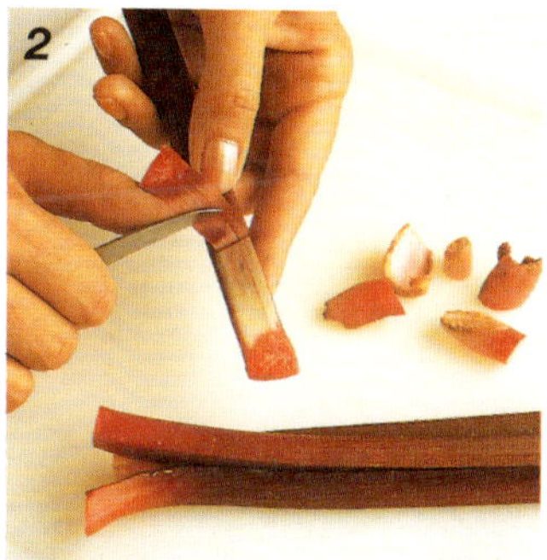

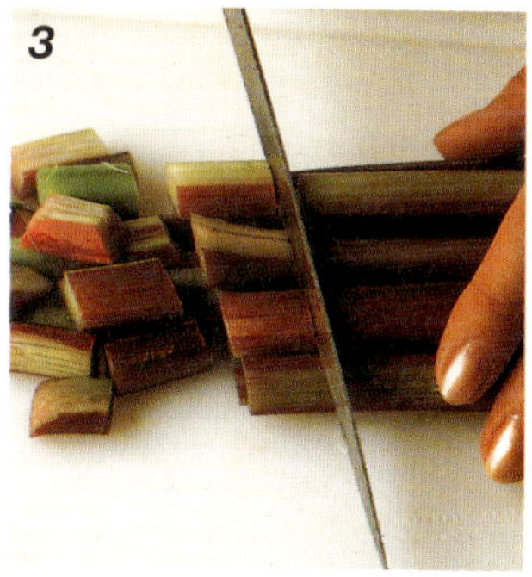

Banane

Je weniger Vitamin C eine Obstsorte enthält, desto schneller laufen die Früchte braun an, wenn sie zerkleinert werden. Der in der Luft enthaltene Sauerstoff baut das empfindliche Vitamin im Obst ab. Deshalb Bananen, Birnen und Äpfel mit Zitronensaft beträufeln, damit sie frisch aussehen.

EINKAUF

Bevorzugen Sie Äpfel, Birnen, Erd- und Himbeeren aus heimischem Anbau. Die Früchte werden für den Markttag frisch geerntet und müssen nur kurz transportiert werden. Das Obst ist somit knackig und reich an Vitaminen.

Mango

Die Mango halbieren und das Fruchtfleisch von beiden Seiten vom Stein schneiden. Die Mangoschale mit einem Sparschäler entfernen **(1)**. Die Mangohälften in Scheiben schneiden oder zum Würfeln – wie eine Zwiebel – nicht ganz bis zum Ende in Streifen, dann waagerecht in Scheiben und quer in Würfel teilen **(2)**.

ALLES ÜBER FRÜCHTE

Orangenschale abreiben

In vielen süßen, aber auch in herzhaften Gerichten sind Orangen- oder Zitronenschale eine aromatische Zutat. Am feinsten läßt sich die unbehandelte, gewaschene Schale auf der Haushaltsreibe dünn abreiben. Für feine Späne, besonders dekorativ für Garnituren, wird die Schale mit einem Juliennereißer abgezogen.

Orangen filieren

Die feste Haut, die jedes Orangensegmet umschließt, wird für Desserts oder Saucen entfernt. Zuerst die Orange oder Zitrone mit einem Messer dick abschälen, so daß die weiße Außenhaut mit abgeschnitten wird. Filets dann einzeln aus den Häuten schneiden.

Fruchtgelee

Gelatine für Gelee- oder Aspikspeisen wird in Blättern, als Pulver, weiß oder rot, angeboten. Sie läßt sich nur flüssig verarbeiten. Gelatine 10 Minuten in Wasser einweichen und ausdrücken (entfällt bei Gelatinepulver). Die Gelatine wird entweder direkt in heiße Flüssigkeit gegeben und darin aufgelöst oder für kalte Flüssigkeiten in einem Topf bei milder Hitze aufgelöst ***(1)*** *– und mit etwas Flüssigkeit verrührt in die restliche Flüssigkeit gegeben. Um 1/2 l Flüssigkeit Stand zu geben, reichen 6 Blatt Gelatine oder 1 Päckchen Gelatinepulver.*

Zubereitung eines Weingelees für 4 Portionen: *1/4 l Weißwein, 1/4 l Wasser, 2 El Zitronensaft und 2–3 El Zucker aufkochen. 6 Blatt Gelatine einweichen und tropfnaß in den heißen Sud geben. 250 g Weintrauben waschen, halbieren und entkernen. In 4 gekühlte Tassen oder Förmchen je 4 El Gelee gießen – man nennt das „einen* ***Spiegel gießen“****. Das Gelee kühlen, bis es fest ist. Mit den Früchten belegen* ***(2)****, mit Gelee begießen und mehrere Stunden zum Erstarren kühl stellen. Die Tassen in warmes Wasser tauchen und das glasklare Gelee stürzen* ***(3)****.*

1

2

3

Grütze kochen

Sie wird wie Kompott zubereitet, nur mit etwas mehr Stärke gebunden, um eine dick-zähflüssige Konsistenz zu erhalten.

Zubereitung: *1/2 l Flüssigkeit (Obstsaft, Wasser, Wein) mit 500 g Früchten (eine oder mehrere Fruchtsorten) und Zucker – nach Geschmack – aufkochen. 20–30 g Speisestärke mit einigen Eßlöffeln Wasser verrühren, in die kochende Flüssigkeit geben und kochen, bis die Grütze gebunden ist. In einer Schüssel abkühlen lassen; die Grütze bildet keine Haut, wenn sie mit etwas Zukker bestreut wird. Zu roter oder gelber Grütze schmeckt Vanillesauce, eiskalte flüssige oder geschlagene Sahne. Damit die Früchte für die Grütze nicht zerfallen, sollen sie nur kurz kochen. Empfindliches Obst wie Him- und Brombeeren gibt man deshalb erst nach dem Andicken der Flüssigkeit dazu.*

Älteres Obst

Überreife Früchte mit schimmeligen Stellen sollten nicht mehr verwendet werden. Obst mit kleineren Druckstellen läßt sich noch zu Kompott oder Grützen verarbeiten. Die dunklen Flecken dazu großzügig ausschneiden und das Obst gut durchkochen lassen. Generell gilt: Obst möglichst schnell verbrauchen.

So zieht Gelatine keine Fäden: Die Gelatineblätter einweichen, ausdrücken und bei milder Hitze auflösen. Von der Flüssigkeit oder vom Püree einige Eßlöffel abnehmen und unter die Gelatine rühren. Das Gelatinegemisch unter die restliche Flüssigkeit rühren.

Sahnespeisen mit Gelatine

Cremig-lockere Sahnespeisen mit Früchten, die nicht wie Gelee gestürzt werden, erhalten ebenfalls Bindung durch Gelatine. Für 500 g pürierte Früchte und 1/4 l Schlagsahne reichen 4 Blatt Gelatine.

Zubereitung für 4–6 Portionen Himbeer-Sahne-Speise: 250 g Him- und Brombeeren verlesen und pürieren. 3–4 El Zucker unterrühren, bis er sich gelöst hat. 4 Blatt aufgelöste Gelatine mit etwas Püree mischen, unter das restliche Püree heben. 1/4 l Sahne sehr steif schlagen, unterziehen, 2–3 Stunden kühlen.

Obst pürieren

Erd-, Him- und Brombeeren, Melone, Pfirsich und Mango werden für Cremes, Grützen, Sorbets, Eis oder Fruchtsuppen und -saucen fein zerkleinert. Am einfachsten gelingt dies mit dem Pürierstab oder Mixer. Die Früchte vorher verlesen oder putzen und eventuell häuten, größere Früchte grob zerkleinern. Das Obst bereits mit Zucker pürieren.

Früchte passieren

Wer keinen Pürierstab oder Mixer zum Zerkleinern von Obst hat, kann Früchte wie Him-, Brom- oder Erdbeeren durch ein feinmaschiges Sieb streichen. Noch feiner wird das Püree, wenn es zweimal durch das Sieb passiert wird. Auch im Mixer pürierte Früchte können zusätzlich durch ein Sieb gestrichen werden, um kleinste Kerne zu entfernen.

Marmelade

Marmeladen, Konfitüren oder Gelees lassen sich mit unterschiedlichen Geliermitteln zubereiten: Gelierzucker, Gelierzucker 1:2 oder 1:3, Gelierpulver oder mit flüssigem Geliermittel. Pektinreiche Früchte wie Stachelbeeren gelieren auch mit üblichem Zucker.

Zubereitung von Ananas-Stachelbeer-Marmelade: 800 g (500 g netto) Ananas schälen, in Stücke schneiden. 500 g Stachelbeeren putzen und waschen. Die Früchte in einem Topf mit 1 kg Zucker, ausgekratztem Mark von 2 Vanilleschoten und 1 Paket Zitronensäure (5 g) verrühren **(1)**. Das Frucht-Zucker-Gemisch unter ständigem Rühren sprudelnd kochen **(2)**. Den Schaum gründlich mit einer Schaumkelle abschöpfen **(3)**. Nach 5 Minuten Kochzeit eine Gelierprobe machen: etwas Marmelade auf einen kalten Teller tropfen **(4)**. Wird sie fest, hat sie lange genug gekocht. Die Marmelade in Twist-off-Gläser füllen und verschließen.

1

2

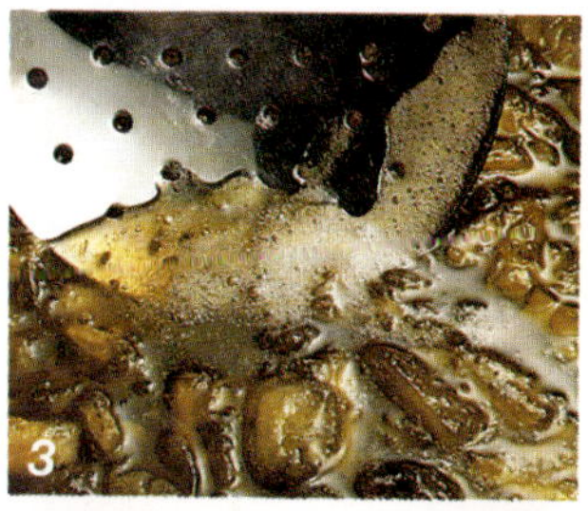
3

4

Joghurtsorbet mit Melonen-Pfirsich-Kompott

Für 6 Portionen:
15 g frische Ingwerwurzel
200 g Zucker
150 ml Zitronensaft
2 1/2 Blatt weiße Gelatine
1 Galia-Melone (1 kg)
500 g Magermilchjoghurt
1/2 Bund Zitronenmelisse
1 Vanilleschote
450 ml Orangensaft (frisch gepreßt)
1 gestr. El Speisestärke
1 Pfirsich (175 g)

1. Ingwer schälen und fein reiben. Mit 175 g Zucker, 120 ml Zitronensaft und 200 ml Wasser bei starker Hitze 10 Minuten sirupartig einkochen lassen. Gelatine kalt einweichen, gut ausdrücken und im Sirup auflösen.

2. Die Melone längs halbieren, die Kerne mit einem Löffel herausschaben. Die Melone erst in Spalten, dann von der Schale schneiden.

3. 200 g Fruchtfleisch in dekorative, mundgerechte Stükke schneiden und beiseite stellen. Restliches Fruchtfleisch in der Moulinette fein pürieren.

4. Das Melonenmark mit dem Zuckersirup verrühren und durch ein feines Sieb gießen. Joghurt dazugeben und die Masse glattrühren. 10 Melisseblätter fein hacken und untermischen.

5. Das Sorbet in einer Eismaschine etwa 45 Minuten gefrieren und noch 30 Minuten in das Gefrierfach stellen.

6. Inzwischen die Vanilleschote längs halbieren, das Mark herauskratzen. Schote und Mark mit Orangensaft, restlichem Zucker und restlichem Zitronensaft zum Kochen bringen.

7. Die Stärke mit kaltem Wasser verrühren und in den Saft einrühren. 10 Minuten bei milder Hitze kochen lassen, dann die Vanilleschote entfernen, Topf vom Herd nehmen.

8. Den Pfirsich halbieren, den Stein herausdrehen und das Fruchtfleisch in Spalten schneiden. Pfirsich und Melone unter die Orangensauce mischen, kalt werden lassen.

9. Zum Servieren das Kompott auf Tellern anrichten. Das Sorbet mit einem in heißes Wasser getauchten Eßlöffel oval formen, auf das Kompott setzen und mit der restlichen Zitronenmelisse garnieren.

Zubereitungszeit: 3/4 Stunde (plus Gefrierzeit)
Pro Portion 6 g E, 0 g F, 59 g KH = 277 kcal (1161 kJ)

Stachelbeer-Crumble

Für 4 Portionen:
je 300 g grüne und rote Stachelbeeren (ersatzweise nur grüne oder rote Beeren)
100 g Zucker
Fett für die Förmchen
150 g Mehl
100 g Butter oder Margarine
2 Tl Zimt (gemahlen)
1 El Puderzucker

1. Die Stachelbeeren putzen, waschen und gut abtropfen lassen. Mit 25 g Zucker mischen und auf 4 gefettete Auflaufförmchen (à 15 cm Ø und 250 ml Inhalt) verteilen.

2. Für die Streusel Mehl, restlichen Zucker, die weiche Butter oder Margarine und den Zimt zuerst mit den Knethaken des Handrührers, dann mit den Fingern zu Streuseln verarbeiten.

3. Die Streusel auf die Beeren in den Förmchen verteilen. Den Crumble bei 200 Grad (Gas 3, Umluft 30 Minuten bei 180 Grad, eventuell abdekken) auf der 2. Einschubleiste von unten 35 Minuten backen. Den Crumble mit Puderzucker bestäuben.

Dazu paßt Vanillesauce.

Zubereitungszeit: 3/4 Stunde
Pro Portion 5 g E, 24 g F, 67 g KH = 506 kcal (2118 kJ)

Aprikosen-Terrine mit geeistem Grand-Marnier-Sabayon

Für 4 Portionen:
Terrine:
1,3 kg Aprikosen
100 g Zucker
1 Vanilleschote
100 ml Weißwein
7 Blatt weiße Gelatine
30 ml Aprikosengeist
1 El Puderzucker
1–2 El Zitronensaft
1 El Öl
40 g Pistazienkerne (grob gehackt)
Sabayon:
5 Eigelb
30 g Zucker
200 ml Milch
60–70 ml Grand Marnier (Orangenlikör)
3 Kugeln Vanilleeis
Außerdem:
Eiswürfel

1. 700 g Aprikosen entsteinen und in kleine Stücke schneiden. Die Aprikosenstücke mit 60 g Zucker, ausgekratztem Vanillemark, Weißwein und 200 ml Wasser im geschlossenen Topf 1/2 Stunde bei milder Hitze dünsten. In einem Sieb ohne Druck abtropfen lassen und den Saft dabei auffangen.

2. Die Gelatine etwa 10 Minuten in kaltem Wasser einweichen, danach ausdrücken und in dem warmen Aprikosensaft auflösen. Mit dem Aprikosengeist würzen. Im Kühlschrank abkühlen lassen, dabei mehrmals durchrühren, da der Saft zuerst am Rand zu gelieren beginnt.

3. Die restlichen Aprikosen etwa 3–4 Minuten blanchieren, abschrecken, häuten und entsteinen. In Spalten schneiden und mit Puderzucker und Zitronensaft marinieren.

4. Eine Terrinenform (900 ml Inhalt) mit dem Öl ausstreichen und mit Klarsichtfolie auslegen. Die Form in ein entsprechendes Gefäß mit Eiswasser (kaltes Wasser mit Eiswürfeln) stellen.

5. Schichtweise Aprikosensaft, Aprikosenviertel und Pistazien einfüllen, dabei jeweils etwas warten, bis der Saft zu gelieren beginnt. Den Vorgang so lange wiederholen, bis alle Zutaten verbraucht sind und die Form gefüllt ist.

6. Die Terrine mit Folie abdekken, für mindestens 6–8 Stunden in den Kühlschrank stellen. Auf ein Küchenbrett stürzen, vorsichtig die Folie abziehen, die Terrine mit einem Elektromesser in etwa 1 1/2 cm dicke Scheiben schneiden (ergibt etwa 8–9 Scheiben).

7. Für den Sabayon Eigelb, Zucker und Milch über dem heißen Wasserbad sehr cremig aufschlagen, danach in Eiswasser kaltschlagen. Mit Grand Marnier abschmecken. Vanilleeis mit dem Schneidstab darunterrühren. Sabayon eiskalt zur Terrine servieren.

Zubereitungszeit: 1 1/2 Stunden (plus Kühlzeiten)
Pro Portion 14 g E, 20 g F, 80 g KH = 607 kcal (2549 kJ)

Blaue Grütze

Für 4–6 Portionen:
250 g schwarze Johannisbeeren
200 g Heidelbeeren
100 g Zucker
Schale von 1/2 Zitrone (unbehandelt, in Streifen)
1 Vanilleschote
30 g Speisestärke
100 g Kirschen (entsteint)
3 El Kirschwasser
2 Scheiben Kokoszwieback (Fertigprodukt)
1–2 El Frischkäse
Zitronenmelisse

1. Die Johannis- und Heidelbeeren waschen. Johannisbeeren, 100 g Heidelbeeren, Zucker, Zitronenschale und ausgekratztes Vanillemark mit 1/2 l Wasser 20 Minuten bei mittlerer Hitze kochen, dabei gelegentlich umrühren.

2. Die Flüssigkeit durch ein feines Sieb geben, die Früchte kräftig ausdrücken. Den Beerensaft in einem Topf aufkochen.

3. Die Stärke mit etwas kaltem Wasser glattrühren und mit einem Schneebesen einrühren. 1–2 Minuten unter ständigem Rühren kochen lassen, 50 g Heidelbeeren und die Kirschen dazugeben, den Topf von der Herdplatte ziehen.

4. Die Grütze in eine Glasschüssel geben und etwas abkühlen lassen. Das Kirschwasser unterrühren und die Grütze 4–5 Stunden in den Kühlschrank stellen.

5. Zum Servieren die Zwiebackscheiben mit Frischkäse bestreichen und in kleine Quadrate schneiden. Die Grütze in Portionsgläser geben, mit restlichen Heidelbeeren, Zwiebackstücken und Zitronenmelisse garnieren.

Zubereitungszeit: 35 Minuten (plus Kühlzeit)
Pro Portion (bei 6 Portionen)
2 g E, 3 g F, 38 g KH = 198 kcal (828 kJ)

Bratbirnen mit Amaretti-Füllung und Zimtsauce

Für 4–6 Portionen:
2 Vanilleschoten
1 El Zimt (gemahlen)
250 ml Schlagsahne
3 Eigelb (Kl. L)
30 g Zucker
30 g Rosinen
40 ml brauner Rum
40 g Pinienkerne
20 g Orangeat
10 g Zitronat
50 g Amaretti (italienische Bittermandel-Makronen)
1 El Ahornsirup
4 feste Birnen (à 225 g)
150 ml Weißwein (trocken)
Zitronenmelisse

1. Die Vanilleschoten längs aufschlitzen und das Mark herauskratzen. Vanillemark und -schoten, Zimt und Sahne zum Kochen bringen.

2. Das Eigelb und den Zucker mit den Quirlen des Handrührers schaumig schlagen. Nach und nach die kochende Sahne sehr schnell unter die Zucker-Ei-Mischung rühren.

3. Die Eiersahne in den Topf zurückschütten und bei milder Hitze so lange unter Rühren erhitzen, bis die Sauce kurz vor dem Kochen ist und dicklich wird (aber nicht kochen lassen!). Die Sauce abkühlen lassen.

4. Die Rosinen mit dem Rum mischen, erhitzen und den Rum fast verkochen lassen.

5. Die Pinienkerne in einer Pfanne ohne Fett unter Wenden goldbraun rösten. Orangeat, Zitronat und Amaretti grob zerkleinern. Mit Pinienkernen, Rumrosinen und Ahornsirup mischen.

6. Die Birnen schälen, längs halbieren und die Kerngehäuse mit einem Kugelausstecher entfernen. Die Birnen bis auf einen kleinen Rand mit dem Kugelausstecher aushöhlen und auf ein Backblech setzen. Das ausgehöhlte Birnenfleisch fein würfeln, unter die Amarettimasse mischen und in die Birnen füllen.

7. Den Wein auf das Backblech gießen. Die Birnen im vorgeheizten Backofen bei 200 Grad (Gas 3, Umluft 15 Minuten bei 180 Grad) auf der untersten Einschubleiste von unten 22–25 Minuten garen.

8. Die Vanilleschoten vor dem Servieren aus der Sauce nehmen. Die Zimtsauce in tiefe Teller geben. Die Birnen hineinsetzen und mit Zitronenmelisse garnieren.

Zubereitungszeit: 1 1/4 Stunden
Pro Portion (bei 6 Portionen)
6 g E, 22 g F, 36 g KH = 391 kcal (1636 kJ)

Erdbeereis-Gugelhupf

Für 8 Portionen:
1,25 kg Erdbeeren
3 Eigelb
75 g Puderzucker
3 El Erdbeerlikör oder -sirup
Schale von 1 Zitrone (unbehandelt, abgerieben)
3 Blatt weiße Gelatine
100 g Baiser
400 ml Schlagsahne
1 Pk. Vanillinzucker

1. Die Erdbeeren waschen und putzen. Das Eigelb und den Puderzucker mit den Quirlen des Handrührers über dem heißen Wasserbad dickschaumig aufschlagen.

2. 500 g Erdbeeren mit Likör oder Sirup pürieren, mit der Zitronenschale unter den Eischaum rühren.

3. 200 g Erdbeeren fein würfeln. Gelatine kalt einweichen. Baiser in Stücke bröckeln.

4. Die Gelatine ausdrücken, bei milder Hitze auflösen, unter die Erdbeermasse rühren.

5. Die Sahne mit dem Vanillinzucker steif schlagen, mit den Erdbeerwürfeln und 75 g Baiser unter die Masse heben. In eine Gugelhupfform (1,5 l Inhalt) füllen und mindestens 5 Stunden einfrieren.

6. Den Gugelhupf 30 Minuten vor dem Servieren herausnehmen. Die Form kurz in heißes Wasser tauchen und das Eis auf eine Platte stürzen. Die restlichen Erdbeeren halbieren. Den Gugelhupf mit den Erdbeeren und dem restlichen Baiser garnieren.

Zubereitungszeit: 40 Minuten
(plus Gefrierzeit)
Pro Portion 5 g E, 19 g F, 31 g KH =
321 kcal (1344 kJ)

REGISTER

Die normal gedruckten Wörter sind die Rezepte aus den Rezeptkapiteln. Die schräg gedruckten Wörter sind Stichwörter von den Informationsseiten.

A

B

C

D

E

F

G

REGISTER